그대가오는풍경

그대가 온 풍경

글·그림 정은광

DongNam
동남풍 P███g

사람의 마음을 새싹처럼 돋아나게 할 순 없을까.

마음을 비우라면 그냥 비워지는가. 우리는 어디서 소풍을 왔다가 어디로 떠나가는가.

'인생은 나그네'라는 말이 가슴으로 닿을 때는 경전보다 더 멋진 진리가 되듯이 때로는 하루하루 감사함이 참 진리가 된다.

중국 한나라 유향劉向은 지명자 불원천知命者 不怨天이며 지기자 불우인知己者 不尤人이라 즉, '자신의 운명을 아는자는 하늘을 원망하지 않으며 자신을 제대로 알게 되면 타인을 원망하지 않는다'라고 말했다.

'원망'이란 내가 만들어낸 마음의 쓸쓸함이라고 생각한다.

소태산 대종사도 현대인에게 간곡하게 말씀하시길 "원망심을 감사심으로 돌리자"라고 했다.

그러기에 우리는 사람과 사람의 향기를 나누고 서로 죽는 날까지 아름답게 살아야 한다.

몇년 전, 아내가 암 투병을 할 때 그런 고민을 했다. 그때 서점에 달려가 끝도 모를 불안에 떠는 그녀의 마음에 위로가 될 책을 찾아보았다. 많은 서적들이 행복, 힐링 또는 삶의 반전을 어떻게 하는지에 대한 비법 등으로 현재의 절망과 괴로움과는 거리가 먼 아등바등하는 책들로 진열장에 꽂혀 있었다.

그때 느낀 건 '차라리 내가 사는 모습을 여과 없이 한줄한줄 엮어 책으로 내면 좋겠다'는 생각이었다.

그 후, 누군가 나를 시골의 이름 없는 글쟁이로 추천해줘 중앙일보 〈삶과 믿음〉이란 칼럼을 연재할 수 있었다. 봄 여름 그리고 가을 겨울로 이어지는 동안 5년을 한결같이 숨죽여 순례자처럼 매달 글을 썼고, 이제 한 권의 작은 책 『그대가 오는 풍경』으로 내놓는다.

마음과 육체가 다시 건강을 되찾은 아내에게 이 글로 작은 위로를 전한다. 또 지금도 정신적 번뇌와 허무감에 괴로워하는 사람에게, 지금 나는 어디로 가야 하는지, 인생이란 과연 무엇인지를 다시 생각하게 하는 영혼에게, 이 책이 작은 선물이 되었으면 한다.

끝으로 이 책을 편집 출판해 주신 도서출판 동남풍 주성균 사장과 천지은 편집장, 그리고 기쁜 마음으로 추천사를 써주신 분들께 깊이 감사드린다.

丁酉年 봄, 신용골 봉황터에서

本山 恩珖 合掌

차례

지혜가 있든 없든 잊을 건
*잊는사람*이어야
맺힌 고통에서 벗어날 수 있다

좋아하는 사람은 즐기는 사람만
못하다고 했지만, 즐기는 자도
마음을 비우는 자만 못하다

내 삶이 죽음과 연결되어 있다는
것만 느껴도 열반과 해탈을
공부하는 기도인 것이다

가장 멋진 삶은
맑게 정리가 돼 있는
사람의 삶이다

겨울나무에게 배우는 수심守心

밤이면 떠났던 새들이 잔가지에 돌아와
잠든 모습을 보며 겨울나무는 그렇게 기도한다.

눈 덮인 겨울산행의 맛은 담묵 산수화의 그것처럼 여백과 무심의 진진함이 있다. 지리산의 순진한 곰처럼 춥고 미끄럽다는 핑계로 산을 오르지 않다가 엊그제 날씨가 풀려 드디어 눈 쌓인 산으로 향했다. 함께 간 일행은 산행선수처럼 앞질러 올랐고 뒤처진 나는 새들이 떠난 나무들 사이를 저벅저벅 오르며 고요와 오붓한 맛을 느꼈다.

계곡에는 며칠 동안 밤에 내린 눈이 쌓였고 반대편 언덕은 바람에 휩쓸려 앙상했지만 등산화가 푹푹 빠지는 폭신한 눈과 적막감이 오히려 여유로운 휴식이었다. 가득 차 있으면서도 텅 빈 공간의 산에 가만히 귀를 세우면 골짜기 끝 쪽에서 울리는 조용한 소리가 있다. "똑 똑 똑~." 바라보니 이름 모를 겨울새가 나무에게 등산객이 지나간다는 신호를 보내는 중이었다. '굴뚝새나 오색딱따구리는 아닐까….'

겨울 산의 매력은 텅 빔과 차갑도록 한가한 '무심'이다. 소나무의 독야청청함보다 더한 멋은 활엽수 굴참나무가 나목으로 당당하게 서 있는 자태다. 그늘진 오후에 휩쓸리는 알싸한 대바람 소리도 이만한 호사와는 거리가 있다. 청정 소나무가 비록 눈을 이고 가지를 벌려 하늘을 가려 서 있다면 잎새를 내려놓은 나목들은 묵언 참선하는 스님들처럼 가벼운 마음의 비움이다.

한 해 살림을 거두고 욕심 없는 새들과 눈 속에 서서 허업虛業을 지키고 있는 풍광은 자연 속 인생의 모습이었다. '허업'이란 무엇인가. 가진 것, 바라는 것이 없는 수심守心이다.

"나이 40이면 삶의 보따리를 챙겨 허업을 준비하고 서서히 실천하는 때라"고 출가문에서 틈틈이 스승님은 일러주셨다. 덧붙여 하신 말씀은 "그 사람을 알려면 죽고 나서 관 뚜껑 달아봐야 한다"는 것이었다. 욕심 없이 살았다고 해도 청문회 해보면 잘잘못이 다 나오듯, 비록 수행자라 하지만 그도 '관 뚜껑' 달아보면 그에 대한 공부심을 세상 사람들이나 수행자들이 말은 안 해도 다 안다는 것이다.

세상 사람들은 집착과 애착을 업으로 하고 그것이 자랑이지만 마음공부를 업業으로 하는 수행자들은 첫째가 남보다 잘 숨는隱 재주이고, 둘째는 허업에 잘살고 있는가에 대해 스스로 묻는 것이다. 백두산 호랑이도 잘 숨어야 명물이며, 세상이 알아준다는 허세와 뜬 이름은 부모 권속을 떠나 오직 마음을 밝히려 도가에 온 자에게는 헛수고 같은 등잔불 심지만 높일 뿐이란 뜻이다.

나무가 참선하고 기도하는 걸 보았는가? 부처는 이렇게 말했다.

"가장 위대한 기도는 인내다."

낮에는 사람 발자국 소리로 참선을 하고, 밤이면 떠났던 새들이 잔가지에 돌아와 잠든 모습을 보며 겨울나무는 그렇게 기도와 참선을 한다.

봉황정 정상에 오르니 먼저 도착한 등산객들의 소리가 들렸다.

"이태 전에 이 산을 오르면서….”

"이 앞산이 모두 내 것이여 하며 허세를 부리던 사람이 얼마 전에 영원히 산을 떠나갔어.”

그런데 안 들었을 것 같던 겨울나무도 같이 듣고 있었다.

겨울공원 | 30 * 40 | watercolor | 2015

하늘을 나는 새는 뼈 속까지 비운다

스스로 무거운 짐을 지고 인생의 길을 걸어갈 때
날개가 젖은 새처럼 결코 가벼울 수가 없다.

봄비가 자박하게 땅을 적신다는 우수雨水가 지나니 차갑기만 하던 바람살이 한결 온유하다. 봄은 우주의 기운을 따뜻하게 돌리는 신기함이 있다.

먼 길을 가려면 앞산과 냇가를 건너 지름길을 언뜻 보듯 한 해 살림살이는 새해 맞이하는 봄의 가벼운 발걸음에 달렸다. 세상이 분분해도 산의 맑은 기운을 좋아하는 무심도인들은 '마음 바라보기'의 고요함에 중심을 잡고 오로지 본분사에 매진하는 것도 봄 향기다.

이즈음 학교 도서관 계단을 넘어 도연스님의 책『나는 산새처럼 살고 싶다』를 빌렸다. 곤줄박이 · 동고비 · 박새 · 청딱따구리 등과 그 밖의 많은 새들이 사는 모습을 수십 년 관찰해온 스님의 글이다. 이 책에서 내 영혼을 차분히 가라앉힐 맑은 글은 뭐가 있을까? 책장을 넘기며 음미해보니 '새는 멀리 날기 위해 뼛속까지 비운다'는 단 한 줄이었다.

겨울 철새들은 지구 북쪽 시베리아에서 출발해 한반도를 지나게 되는데, 오는 도중 수많은 철새들이 피로와 굶주림에 지쳐 절반은 땅에 떨어져 죽고 만다고 한다. 평소 날개 근육을 단련하고 몸을 가볍게 한 새만이 멀리 날아 목적지에 닿게 된다. 그렇게 하기 위해 철새는 배불리 먹는 것도 단념한다는 사실을 알게 됐다. 인간이 배워야 할 대상이 어디 새들뿐이겠는가. 기도를 하는 수행자들의 얼굴은 맑고 밝으며 무심하기까지 하다.

내가 아는 선배는 기도 기간 중 육식이나 잡식을 전혀 먹지 않는 것으로 조행을 실천한다. 이것은 범접할 수 없는 아름다운 '내공수행'이다. 그를 볼 때마다 '무아일념 청정심無我一念 淸淨心'이란 글이 떠오른다. 사람들은 하늘을 자유롭게 나는 새를 부러워한다. 밭가의 종달새도 그렇거니와 산을 넘어온 파랑새도 마찬가지다. 자유와 희망은 인간이 꿈꾸어온 원초적 본능이기 때문이다.

소태산 박중빈(1891~1943) 대종사는 『대종경』 천도품에서

"사람 가운데에는 하늘 사람과 땅 사람이 있나니, 하늘 사람은 항시 욕심이 담박하고 생각이 고상하여 맑은 기운이 위로 오른다"고 말씀하셨다.

생각이 있든 없든 간에, 사람들은 누구나 가벼운 삶을 살고자 하면서도 스스로 무거운 짐을 지고 인생의 길을 걸어갈 때 날개가 젖은 새처럼 결코 가벼울 수가 없다.

신라의 원효는 『발심수행장』에서 우리의 삶을 이렇게 표현했다. "중생중생衆生衆生이 윤회화택문輪廻火宅門은 어무량세於無量世에 탐욕불사貪慾不捨니라." 깨달음을 얻지 못한 중생은 덧없고 끝없는 윤회 속을 벗어나지 못하는 화택(불구덩이)에 머물고 있다. 이것은 오직 탐욕을 버리지 못한 까닭이다.

오늘 나는 무엇을 깨달아 샘물 같은 맑음을 세상에 전할 것인가. 새처럼 가볍고 하늘 기운처럼 맑은 마음으로 세상에 노니는 법을 얼마나 체득하고 있는가? 삶은 마음이든 물질이든 가벼워야 한다.

옛 중국 선승 조주(778~897)는 제자들에게 헛된 잡념 끌어안지 말라며 넌지시 차 한 잔을 권했고, 임제의현(?~867) 역시 '착심에서 마음을 내려놓으라'며 혼몽한 수행자들에게 방망이를 들이댔던 것이다. 따뜻한 봄빛이 조금 일궈 놓은 마음 새싹을 얼마큼 붙잡고 있다.

몽골초원 | 30 * 40 | watercolor | 2014

봄꽃의 메시지, 무상

때로 삶은 허기진 무언가를 채우기 위해 사는 것처럼
자연도 나무들의 꽃피는 계절에 의존하고 생존한다.

봄비가 촉촉이 내리는 날, 누군가 내게 해준 말이 생각난다.
"하늘은 비로 비우고 나비는 춤으로 비운다네." 봄은 겨우내 비
웠던 일을 서서히 정리하는 계절이다.

어제 뒷산을 산책하는데 양지 녘에는 어느덧 따뜻한 바람
결에 개나리의 노란 꽃잎이 뾰족뾰족 나와 있었다. 이러한 자연
의 향연에 수선화 세 송이의 청초함도 창가에서 나를 지켜보고
있다.

봄이 되면 사람들은 꽃을 보러 길을 떠난다. 꽃이 피어서 길
을 떠나는가, 아니면 길을 떠나니 꽃이 피는가. 꽃을 피우는 나
무들은 겨우내 많이 비우는 시간을 가진 다음 다시 채움의 시간

을 갖게 된다. 세상에서 제일 가난하면서 화려한 꽃이 산벚나무다. 무관심한 비탈진 겨울 산의 묵언을 고담古談처럼 이야기해 주는 꽃이기 때문이다.

봄은 침묵과 묵언의 시간을 보냈던 자연의 이야기들을 꽃피우는 계절로 변하여 아름다운 계절이 되고 사람도 꽃을 보면서 맑음과 향기를 닮아간다.

4월, 어느 해질녘 산모퉁이 그늘 아래에서 피었다가 바람결에 흩날리며 떨어지는 산벚나무 꽃잎을 보라. 도를 일구는 탈속한 수행자의 모습과 같지 않은가. 꽃잎이 바람에 떨어지는 산에서 느껴지는 겸양과 고독이 보는 이의 마음을 청담하게 한다.

수년 전 충청도 속리산 자락에서 교화 개척을 할 때, 봄이 되면 이름 없는 산에 피고지는 산벚나무는 내 친구였다. 내면의 향기로 가슴을 설레게 했기 때문이다.

때로 우리 삶은 허기진 무언가를 채우기 위해 사는 것처럼 자연도 나무들의 꽃피는 계절에 의존하고 생존한다. 본능적 기쁨을 위한 사랑의 메시지도 봄이 되면 더 화려하다. 사람마다 소담한 꿈과 열정도 봄이 되면 꽃을 보며 채운다.

얼마 전 따뜻한 오후 산죽바람을 일구는 낮은 처마의 찻집에서 뵌 지 오래된 선배님과 차 한 잔을 나누었다. 한겨울 오랜만에 만나 나눈 살아온 공부 이야기는 상념 젖은 단순한 깨달음이었다. 그 선배의 말은 "세상을 살면서 모든 게 부처 아님이 없다"는 것. 어찌 보면 내면의 고백이다. 조용히 나의 내면을 바라보니 내 마음속 동안거는 바로 '단순함에 대한 세상 바라보기'였음을 알게 됐다.

마음의 싹이 단순하게 움튼다는 것은 나무들이 봄꽃을 피우는 것과 다름없다. 가끔 나는 무상을 느끼기 위해서 피고 지고 갑자기 봄비에 떨어지는 꽃을 본다. 어떤 꽃도 영원함이 없듯 어떤 생명 또한 영원한 것은 없다. 그게 바로 꽃들이 전하는 메시지이고 맑은 바람 같은 향연이다.

지난주 지인하고 여수 오동도 동백꽃을 보고 왔다. 화려한 꽃은 아니지만 숨어 붉게 피는 꽃망울을 보니 애잔한 정열이 느껴졌다. '그리움에 지친다는 꽃' 동백을 보러 가는 날은 공기가 쌉싸름하게 차갑고 바람이 부는 날이었다.

겨우내 바닷가 바람으로 비워둔 정열의 에너지를 봄이 되면 다시 채워 피워내는 붉은 동백꽃을 보면 비운만큼 정열적이었다가 채운만큼 무상하게 비우고 떨어지는 매력이 어쩌면 무심하고 단순한 수행자의 모습 같았다.

봄꽃 중에 무상을 일궈내는 두 가지 꽃이 있는데 하나는 붉은 가슴으로 피는 동백꽃이고, 둘은 서럽도록 화려하게 피었다 바람 불고 비 오는 날 흔적 없이 떨어지는 벚꽃이다. 이것은 우리 삶을 아낌없이 상념에 젖게 하는 전달자의 꽃이기도 하다.

지난 시간의 얼룩으로 엮어진 현대사의 상황도, 가슴 아프게 집착하고 미워했던 내 개인의 불편한 일들도, 인연의 끈들도 마무리 짓고 이제 맑고 무심한 봄꽃 향기처럼 정리가 필요하다.

내려놓는다는 것

경험에서 이뤄진 것과 경험은 없어도 '이건 아니다'라며
처연하게 내려놓는 일은 엄청난 차이가 있다.

 가곡 '산 너머 남촌에는'을 들으면 4월은 진달래의 향기가,
5월은 보리 내음이 으뜸이다. 왠지 남촌에 남풍이 불 것 같아 마
음이 설레기도 하지만, 그렇게까지 만나고 싶은 사람이나 만나
야 할 사람을 찾지 못했다.
 나도 현대인의 고독을 체험하고 있는지 모른다. 옛날 초의
선사(1786~1866)는 '다선일미茶禪一味'를 주장한, 시대를 앞서간
스님이다. 어느 날 제자가 물었다. "스님, 세상에서 차 맛이 가장
좋을 때는 언제입니까." 선사가 대답했다. "차 맛은 천차만별이
다. 굳이 제일 맛이 있는 차라면 한마디 하겠다." 제자들은 가만
히 차를 따르면서 기다렸다.

"차 맛을 말로 표현하기는 그렇지만 난 '봄빛이 언뜻 스쳐간 맛'이 최고라 친다." 이 얼마나 오묘한 맛의 표현인가. '천심통철월중간天心洞徹月中間, (하늘 맘은 달 중간에 깊숙이 사무치다)'. 요즘 같은 벚꽃 지는 밤 읊어보는 정산 송규 종사의 멋진 시구와 벗할 만하다.

살면서 나는 수많은 사람을 만났다. 그렇지만 많은 사람이 지금도 나와 대화하거나 안부를 묻는 건 아니다. 그 사람들이 내게서 멀어졌거나 내가 그를 멀리했거나 둘 중 하나다. 인생을 살아가면서 수많은 판단을 한다. 판단 기준은 내게 이로운 부분이 있는가, 내게 손해는 가지 않는 가다. 하지만 '내려놓기'는 판단을 하지 않는 것이다. 인생에서 변화의 주체가 되려면 큰일에 맞서 자신을 포기하는 게 필요한데, 이런 내려놓기를 통해 사람은 크게 성장한다.

물론 이득 앞에서 내려놓음, 인연 앞에서 내려놓음, 그리고 명예 앞에서 내려놓음은 쉽지 않다. 하지만 이를 실행한 사람들은 결국 '새로 태어남'을 느끼게 된다. 홀로 남겨진 내려놓음은 우주의 혼이 함께하는 절체절명의 에너지로 다시 작용하기 때문이다.

아침 쌀쌀한 날씨 덕에 내려놓지 못하고 시간 속에 머물고 있는 안타까운 벚꽃들을 봤다. 활짝 피지도 못했고, 그렇다고 지금 떨어지기도 아까운, 시간 속에 묶여 있는 어정쩡한 모습을 보면서 왜 꽃이 떨어지는가에 대한 상념이 들었다. 하나는 나무와의 결별이다. 결별이라는 내려놓음을 통해 온전한 자신의 정체성을 찾게 된다. 둘째는 아름다운 소멸이다. 내려놓기와 소멸의 적정寂靜이 무상을 연출한다. 또 다른 꽃잎다운 행위다. 셋째는 새로운 잎새의 생성이다. '무심한 꽃들은 바람을 탓하지 않는다'는 조지훈 시인의 말처럼 떨어지는 꽃의 신비로움은 스스로 내려놓음에 있다는 것이다.

　삶에서 지혜롭게 산다는 건 무엇인가. 경험에서 이뤄진 것과, 경험은 없어도 '이건 아니다'라며 처연하게 내려놓는 일은 엄청난 차이가 있다. 경험이 모든 것을 압도한다고 착각한다면 인간은 계산에서 자유로울 수 없다. 경험이 없지만 나는 이렇게 하겠다고 마음먹을 때 인간은 크게 성장한다. 인연도 마찬가지다. 아니다 싶어서 인연을 맺지 못하는 것과, 이런 인연은 애당초 나하곤 상관없다고 내려놓는 건 큰 차이가 있다. 세상에서 지혜라는 이름으로 지혜롭지 못한 일이 벌어지고 있을 때 인간의 삶은 한없이 불편하고 부박浮薄해진다. 때론 판단하기보다 지혜롭기보다 그저 순수하게 속아주며 사는 것이 오히려 깊은 여운이 있지 않을까.

옹기 물병 | 30 * 40 | watercolor | 2015

구업舊業에서 벗어나는 길

청정한 마음을 가지는 근본은
나와 네가 서로 용서해주는 것이다.

5월엔 '푸르다'라는 말이 마음을 상쾌하게 한다. 주변에서
여기저기 힐링을 노래하고 있다. 마음의 정화가 이뤄지고 있는
과정을 힐링이라고 한다. 봄과 여름의 중간을 소통하고 있는 지
금이 바로 힐링의 계절이다.

산야는 부드럽고 맑은 연두색으로 옷을 갈아입는다. 며칠
전 동양화 수묵스케치를 하러 경남 합천으로 몇몇 지인들과 길
을 떠났다. 수많은 산과 계곡으로 둘러쳐진 그곳은 조그마한 논
두렁 밭두렁마저도 삶의 노래가 허용된 아름다운 곳이었다. 계
곡의 물소리도 지나는 길손들의 귀를 아름답게 채우고 있었지만
더 멋진 건 조용하다는 것이었다.

어느 시인은 '5월의 나그네'란 시에서 "시간이 촉촉하게 젖어있는 땅을 밟으면 저 마을에 저녁연기가 배고픈 나를 오라 손짓하네"라고 노래했다.

우리는 시간 속에 묶여 살아가지만 언젠가는 시간 속에서 사라지는 유기체인 동시에 삶을 노래하는 지극히 지혜로운 사람이라는 생각이 문득 마음을 정갈하게 한다.

불타 석가모니는 세상 사람들에게 무엇을 전하고자 했던가. 첫째는 내 안에 마음을 청정하게 간직하고 있는가다. 둘째는 사람들이 서로 은혜로움을 발견하고 있는가다. 청정하고 은혜로운 마음을 간직하는 일에는 나를 용서하고 나를 사랑하는 일부터 우선해야 한다. 그러자면 마음속에 새겨야 할 일이 있다. 나를 덮어주고, 나를 지워주고, 상대를 덮어주고, 상대의 아픔까지도 지워줘야 한다.

우리는 안으로 마음을 살피지 않는 버릇으로 인해 온갖 이기심과 욱하고 매사에 비교하는 버릇을 가진 개성 없는 인간으로 성장해 왔다. 그래서 한없이 가난하고 고통스러운 마음으로 살아가게 됐다. 청정한 마음을 가지는 근본은 나와 네가 서로 용서해주는 것이다.

은혜로운 마음을 가지려면 서로 기쁨과 슬픔을 나눠 가지는

데서 오는 수희공덕隨喜功德의 중요성을 알아야 한다. 부처님은 항상 "남이 잘되는 것을 기뻐하라. 그리하면 너희 집안과 네가 기쁨을 이루리라"고 말씀하셨다.

일평생 마음을 오염시키지 말고 오직 세상에서 기쁨을 발견하고 좋은 인연을 맺으라고 하셨다가, 나중에는 "강을 건너는 뗏목처럼 모든 걸 버려야 진정한 해탈을 얻게 된다"라고도 말씀하셨다.

소태산 대종사도 "어리석은 중생들은 스스로 제 이익만 챙기며 좋아하지만 결국 고통에서 헤어나지 못한다. 맑은 수행하는 도인들은 남을 위해서 부지런히 정성을 다해 한없이 맑은 복락을 장만하게 된다"라고 말씀하셨다.

세상에서 제일 큰 죄는 '나도 모르게 남 말을 하는 것'이다. 그 사람을 잘 알지 못하면서 내 생각으로 그를 말하는 것으로 불교에서는 구업口業이라 한다. 경전에서도 말로 이뤄진 죄가 가장 큰 죄요, 생각으로 이뤄진 죄도 또한 크다고 했다.

어느 수행자는 이렇게 말했다.

"우리가 마음으로 죄를 짓게 되면 그 사람의 세포가 오염돼 나중에는 커다란 병고를 받게 되거나 스스로 몸을 상하게 한다."

토끼풀들도 꽃 대공에 입을 맞추는 향기로운 계절에 첫째도 둘째도 서로 사랑하는 마음으로 서로를 덮어주고 지워주는 일이 얼마나 중요한 일인지를 알아야 한다.

5월엔 다른 것 다 무시하고 내 마음속에 두 가지만 하자. 하나는 남에게 좋은 말을 하자. 둘째는 그동안 잘못된 그 사람의 불쌍한 영혼을 덮어주고 지워주자. 그래서 나를 정화하고 그 사람의 영혼을 맑게 씻어주는 참된 정화의 공덕을 만들어 보자.

무심차 한 잔 하시죠

남과 나를 비교하는 건 상대적 비교심이요,
나의 어제와 오늘을 비교하는 건 절대적 비교심이다.

오랜만에 찾아온 외래교수가 내 연구실 문을 두드렸다.

"오랜만이네. 더운데 뭐 마실 거 드릴까? 커피 아니면 녹차?" 그러다 문득 "무심차無心茶 드릴까?" 하고 넌지시 물었다. "그게 뭔데요?" "생수, 맹물이 무심차지." "그거 좋겠네요." "요즘 어떻게 사느냐"고 안부를 물었다. "사람을 만나면 욕심이 생기고, 사람을 안 만나면 마음을 비울 수 있고 그러네요."

마음을 비우는 산중 수행자들이 선차禪茶를 음미하며 주고받는 말이 있다. "차를 마실 때는 마음으로 마셔야 하며 마음으로 마실 때 마음과 몸도 잊고 선禪에 든다." 이 말은 한 잔의 차에도 비우는 마음과 행行이 주어진다는 뜻이다.

손님이 가고 난 뒤 그가 남긴 말을 조용히 음미해봤다. 사람의 욕심은 어디에서 생겨나는가. 그것은 비교심이 앞서기에 생기는 것이다. 또한 사람을 만나지 않으면 마음을 비울 수 있다는 뜻은 상대적 비교심과 절대적 비교심의 차이가 아닐까. 남과 나를 비교하는 건 상대적 비교심이요, 나의 어제와 오늘을 비교하는 건 절대적 비교심이다. 무엇이 더 바람직한지는 자명하다.

엊그제 읽었던 책 『꾸뻬 씨의 행복 여행』에서 '행복의 첫 번째 비밀은 자신을 다른 사람과 비교하지 않는 것'이란 구절이 떠오른다. 살면서 원칙에 너무 얽매이는 사람들은 절대 행복과는 거리가 멀다. 사람들이 불행한 건 자신들이 생각하는 게 곧 현실이라고 믿는 경향이 있기 때문이다.

요즘 '관포지교'에 나오는 『관자管子』를 읽고 있다. '백심白心' 편의 내용은 마음의 함양과 심령의 정화다. 세상을 사는 데는 마음을 깨끗이 하는 일만큼 중요한 일이 없다. 그게 '백심'이다. 백심은 첫째, 허정虛靜 즉 '비우고 고요함'으로 으뜸을 삼는다. 둘째, 그 때時를 보배로 삼는다. 즉 형세를 보아 진퇴를 해야 하는 일이 마음 다스리는 일이다. 셋째는 의儀의 모양새를 갖추어야 한다. 허세나 보여줌 또는 소심한 마음이 없는 담담함을 말한다. '이것만이 심신心身을 보전하며 명命을 장구하게 한다'라고 책은

전한다.

원불교 교무들은 한 달에 한 차례 자신의 공부 수행담을 나누는 모임을 갖는다. 이번 모임은 10명이 차를 타고 야외로 떠나기로 했다. 지리산 하동 근처 산을 올라 사성암에 도착했다. 섬진강의 수려한 풍경을 바라보며 한 후배가 말했다.

"내가 어릴 때 집에서 소 한 마리를 키웠습니다. 학교에 갔다 오면 소를 살찌우기 위해 풀이 많은 언덕으로 끌고 가 풀을 더 먹이고 돌아오곤 했지요. 어느 날 소말뚝을 대충 매어놓고 물놀이를 했습니다. 한참 물놀이를 하다 저녁이 돼 소 있는 언덕으로 가보니 소가 없었습니다. 사방을 울면서 찾아다녔지만 소는 보이지 않았습니다. 날이 저물어 집에 도착했는데 외양간에 우리 소가 있었습니다. 소를 붙잡고 눈물을 흘리면서 이런 깨달음을 얻었습니다. 소가 나보다 낫다. 나는 소를 찾아 헤매고 다녔지만 이미 소는 자기 집으로 와버린 것이 아니겠는가."

이 이야기를 듣고 다들 한참 웃었다. 불교에선 소를 자신의 '마음'이라고 한다. 지금 우리는 마음을 잊어버리고 있는 건 아닌지, 마음을 어디에 놓고 사는지 한번 되짚어 보는 시간을 가져보는 건 어떨까.

무심차 한 잔 마시면서.

청자 다관 | 40 * 30 | watercolor | 2016

침신하게 산다는 것

가장 멋진 삶은
맑게 정리가 돼 있는 사람의 삶이다.

나이 먹은 탓인지 어떤 날은 새벽 3시부터 깨어 잠이 오지 않는다.

어둡고 적적한 방에 향香 하나 피우고 좌선을 하거나 동이 틀 때까지 창문을 열고 작은 조명 아래 책 읽는 날이 많다. '무죽령인속無竹令人俗'이라는 말이 있다. 중국 송宋대의 문호 소동파는 "대나무가 없으면 사람이 속되다"고 했는데, 이런 날은 맑은 대바람 소리가 그립다.

최근 읽은 책 중에 『내 감정을 이기는 심리학』이 있다. 흔히 세상 사는 재미를 말할 때 '친구가 최고'라고 하지만 오랫동안 내 친구는 책이었다. 오직 책만이 배신하지 않으며 영혼을 맑게 하고 세상을 바라보는 중심이 돼줬기 때문이다.

이 책엔 사람들이 사용하는 에너지는 몸에서 나온다고 하지만, 실은 마음속에 더 큰 에너지가 있다는 내용이 나온다. 즉 인간의 에너지는 크게 3대 7의 비율로 나뉘는데, 3이 몸에서 사용하는 힘 에너지이고, 7이 감정에서 나오는 '마음속의 에너지(Emotional Energy, EE)'다.

예를 들어 기분이 상하면 몸 전반이 가라앉고 흥이 깨지면 맥이 풀어지는 이유는 바로 EE가 우리 삶의 70%를 차지하기 때문이라는 얘기다.

2000년대부터 서서히 일기 시작한 풍조 중 하나가 '웰빙'이다. '웰빙'은 사회를 분홍빛으로 물들이며 사람들로 하여금 행복한 삶을 추구하게 했다. 멋진 디자인과 편리함, 무공해 음식 등이 우리 일상을 더욱 풍요롭게 하는 듯했다. 그런데 풍요가 과연 웰빙인가? 스스로 물어본다. 풍요 속에는 반드시 권태가 따라붙는 게 세상의 묘함이다. 그래서 우울증도 알고 보면 삶의 권태증이라고 보는 것이다.

평소 나는 이런 말을 자주한다.

"삶에서 가장 멋진 것은 맑게 정리가 돼 있는 사람들의 삶이다."

최근 수행 중인 친구가 전화를 했다. 그는 "요즘 종교나 세상 돌아가는 모습을 보면 참신한 맛이 없다"라고 말했다. '참신'이란 무엇인가. '참으로 신선하다, 그윽하고 멋지며 품격이 있다'는 뜻일 것이다.

EE, 마음의 에너지는 이런 참신한 맛에서 나온다. 참신함에서 기쁨이 형성되고 서로가 위해주는 품격이 지켜진다.『감정을 이기는 심리학』에서도 이런 말이 나온다. '정리된 마음, 맑은 품격, 나누는 기쁨 이 세 가지가 있어야 살맛나는 세상'이라는 것이다.

우리 사회는 지금 머물러 쉴 곳이 없다. 함께 나누고 어떻게 머물다 떠날 것인가에 대한 명쾌한 답이 없는 현실이다. 대통령이 바뀔 때마다 선진국이니, 국격이니 말하지만 아직도 맑은 기쁨이 없는 세상에 사는 건 돈이 없어서가 아니다. 바로 '품격 없는 세상에 살고 있다'는 자괴감 탓이다.

수행 중인 친구가 말한 참신성이 없다는 뜻은 이런 바탕에 각자의 향기로운 꽃을 피우지 못했기 때문이다. 다시 말해 서로에게 아름다운 꽃이 되려면 그 향기도 그윽해야 한다는 뜻이다.

원불교 성가에 '우리 일찍 영산 회상 운형수제雲兄水第 아니던가'라는 구절이 있다. 구름처럼 하얗게 뭉쳐 형이 되고 물처럼

맑게 흘러 아우가 된다는 참으로 감동적인 말이다. 하늘과 구름
에도 질서가 있고 흐르는 물도 감미로운 소리를 낸다는 뜻이다.
어쩌면 우리 인생도 그렇게 살아야 하지 않겠는가. 품격과 인간
성을 주제로 꽃피우는 세상을 만드는 게 급선무다. 그것의 해답
이 맑게 정리된 삶의 참신성이다. 다시 말해 영리하게만 살아온
세상이지만 아직도 사람들이 행복하지 않는 이유가 무언가 하고
가슴으로 짚어 봐야 한다. 바보처럼 살아온 것이 내 삶을 건강하
게 했다는 사람들의 고백이 세상을 치유한다.

후회 없이 살려면

우리가 살고 있는 이 땅. 말이나 생각이나 또는 삶의 이야기조차
어떤 때는 불필요한 소음처럼 들린다.

어느덧 삼하三夏의 더운 날이 흐르고 있다.

수행자들에겐 언제나 마음공부 하는 게 바로 결제고 뒤집어
마음을 놀게(?) 하는 게 해제다. 마음공부를 떠나 21세기를 사는
멋쟁이는 어떤 사람인가 하는 물음을 던져준 사람이 있었다.

그의 말에 의하면 첫째는 외국어 하나쯤은 어려움 없이 할
줄 알아야 하고, 둘째는 철학이 있어야 하며, 더불어 하나 더 있
겠다 싶으면 역사를 논할 줄 아는 사람이라 한다.

외국어를 능숙하게 말한다는 것은 사실 어렵다. 외국어가
재미있으면 싶지만 왜 그리 단어 생각이 안 나고 막상 외국 사람
을 만나도 할 말이 없는지, 이 또한 철학 부재임에 틀림없다.

그렇다면 철학으로 데뷔(?)를 할까 해서 개똥철학이라도 없나 하고 생각해봤다.

서양철학, 동양철학 조금 안다 하는 말은 사실 철학이 아니다. 여기서 말하는 건 '인생철학'이다. 바꿔 말하면 '난 이런 사람이다' 또는 '난 이렇게 산다' 하는 것이다.

자신의 철학이 행복인 사람들은 밤이나 낮이나 행복이 어떻고, 감사하는 마음이 어떻고, 그래서 살 만한 지금이 가장 행복하다와 같은 말을 하지만 그것도 피곤한 일이다. 왜냐하면 행복에 너무 집착하기 때문이다. 그러던 찰나 후배 도반道伴 교무가 마치 '당신을 위해 인생 교훈을 보내겠소'라고 하듯 글을 보내왔다.

〈인생 교훈〉
1. 갈까 말까 할 때는 가거라.
2. 줄까 말까 할 때는 주거라.
3. 말할까 말까 할 때는 말하지 마라.
4. 먹을까 말까 할 때는 먹지 마라.
5. 살까 말까 할 때는 사지 마라.

곰곰이 생각해보니 인생을 살면서 이 다섯 가지만 잘해도 인생철학은 '끝'이다. 난 가끔 이 내용을 암기하면서 생활에 적용

시키고 있다. 잘하는 짓인지 아니면 못하는 짓인지는 세월이 흘러 후회하지 않으면 그만이다.

누구는 버킷 리스트를 만들어 여행을 떠나고 남 안 하는 짓을 해야 후회 없는 삶을 살았다고 하는데, 현대인의 '행복 결핍 증후군'에 대한 진실은 오히려 조금 불편함과 조금 부족함이 그 행복의 답이 될 수 있기 때문이다.

조선시대 거유 송시열 선생은 '다언삭궁多言數窮', 즉 말을 많이 하게 되면 결국은 궁벽한 처지에 당하노니 비록 생각이 많더라도 말을 조심하고 그 뜻을 담담하게 하라며 선비의 기본 틀인 신독愼獨에 초점을 맞추었다.

우리가 살고 있는 이 땅, 말이나 생각이나 또는 삶의 이야기조차 어떤 때는 불필요한 소음처럼 들린다. 이럴 때 내 마음은 철학 부재인가, 아니면 감정 조절 부재인가 하는 생각을 하게 된다. 니체는 인간의 삶이 결국 둘 중의 하나라고 했다.

"유치하거나, 순수하거나."

며칠 전 인연이 있어 잠시 중국 베이징에 다녀왔다. 가는 곳마다 넘쳐나는 사람들과 왁자지껄한 소음이 있었지만 그것도 시절 인연이라 생각하니 마음은 오히려 한가할 뿐이었다. 그 시절에 그렇게 만났던 인연들도 알고 보면 모두 자연스러운 기연자연起緣自然한 일인지도 모른다.

토기 항아리 | 40 * 30 | watercolor | 2015

한여름 밤의 꿈

이 세상에서 가장 어리석은 사람은
남의 마음을 내가 함부로 움직이려고 하는 사람이다.

한동안 계속된 무더위에 나무들이 시들시들했다.

옛 어른들이 말씀하시길 "더위는 이기는 것이 아니고 피하는 것"이라고 했다. 사실 세상일도 맞서기보다 피하는 일이 더 많다.

엊그제 법답게 사시던 선배님 몇 분이 병상에서 무더위를 견디지 못하고 자연으로 돌아가셨다. 열반하신 것이다. 문득 난 어떻게 살아가고 어떻게 떠나야 하는가 하는 생각에 스스로 물음을 던졌다. 첫째는 남 미워하지 말자, 둘째는 적어도 나 스스로 무덤 파는 일은 하지 말자는 것이다.

차를 몰고 가다가 고속도로 휴게소에서 잠시 쉬고 있는데 얼굴에 주름이 많은 어르신이 휴대전화로 대화를 나누는 게 들렸다. 연세가 들면 귀도 어둡고 자연 목소리도 커지게 되니 어르신이 지나가는 사이 안 들어도 될 말을 듣게 된 것이다. "아니 내가 내 무덤 파는 일을 왜 하겠어?" 이런 내용이었다.

자연을 벗하면 나뭇잎 소리에도 깨달음이 있고, 세상을 오고 가면 바쁜 휴게소에서의 전화 목소리도 내 마음속엔 실루엣이 된다. 그것은 화선지에 먹물의 번짐처럼 그렇게 내게 그림자를 만든다. '그래, 나도 스스로 무덤 파는 일은 하지 않고 살아야지. 저 말이 부처님 말씀이구나'라고 생각했다.

남을 미워하게 되는 건 가끔 그 사람을 생각할 때다. 남의 마음을 내 맘대로 할 수 없는 게 인간이 가진 한계지만, 사람들은 그렇게 되지 않으면 은근히 화가 나거나 아니면 미워하는 마음이 생긴다. 사실 이것은 어리석음이다.

소태산 대종사는 "이 세상에서 가장 어리석은 사람은 남의 마음을 내가 함부로 움직이려고 하는 사람"이라고 했다. 그런데 우린 시도 때도 없이 자기 주장을 교묘하게 합리화하곤 한다. 그것도 안 되면 미워하거나 안 좋게 뒷담화를 한다.

사람이 살면서 가장 에너지가 많이 들어가는 게 타인의 잘못됨을 미워하는 일이다. 그럴 경우 마음에 절대적으로 피로 현상을 느낀다. 왜냐면 그 사람을 생각해야 하고, 그 사람의 잘못된 행동을 합리적으로 미워할 명분을 내 마음에 심어 넣어야 하기 때문이다.

무덤을 파는 일도 그렇다. 내가 뭘 좀 잘한다, 다시 말해 글 좀 쓴다 그림 좀 그린다 하는데, 조금 이상하게 쓰면 타인에게 상처를 주게 되고 무미건조한 그림을 그리면 보는 사람에게 냉소적인 마음을 일으키기 쉽다.

사람들은 마치 머리싸움 하듯 말과 글을 쓴다. 그러나 아무리 논리적이고 합리적이라 해도 마음이 다가서지 않으면 무덤을 파는 일이나 다를 바가 없다. 살면서 우리가 시비이해是非利害 속에 '지혜롭게 판단한다'고 해도 시간이 지나고 보면 부질없이 행동했던 일이 부지기수.

때로 수행자에게 명예나 직위는 하잘 것 없다. 무욕이란 그만큼 어렵지만 남이 권하지 않는 욕심만큼 자신의 무덤을 파는 일도 없다.

며칠 전 무더위 속에 선배는 이런 게송偈頌을 남기고 열반했다.

어제 날에 떫은 감, 오늘은 단감이네
번뇌 망상 여의고 보리 따로 없으니
생사 열반이 본래 두 몸이든가
한마음 나지 않는데 어디서 생사를 찾을까.

견불見佛 마을에서

사람은 무엇을 보든, 보는 만큼 닮아가고
이 세상은 모두가 스승이다.

글 쓰는 이들은 여름 삼베옷처럼 자신의 속살을 드러내는
것이 운명인 듯하다. 그래서 때로 꿈에도 선명한 무채색 그림을
글로 이야기하는 것인지 모른다.

초파일 무렵 계룡산의 숨어 있는 절, 신원사 뒤뜰에서 쑥 한
줌을 뜯어 비닐가방에 넣어 돌아오는 길에 창밖 논을 보며 아내
는 말했다.

"나는 모심기 전에 물이 가득한 빈 논이 참 좋아. 마음이 설
레고 흐뭇해."

3년째 조심조심 암과 투병하는 그는 마음을 '논 그림자'에서
풀고 있었다.

비바람 치던 엊그제 추석 전후, 운전을 하며 그 논두렁을 스쳐가 보니 벌써 노랗게 벼가 익어 가볍게 고개를 숙인 채 결실을 기다리고 있었다.

어느 줄기 하나 꼿꼿이 서서 나를 바라보는 벼는 없다. '한 해가 벌써 이렇게 가고 있다니…. 세월은 잰걸음을 멈추지 않고 있었구나'라는 생각에 가슴이 텅 빈 듯했다.

추석 무렵 시간을 내어 지리산 모퉁이에 있는 어느 선생님 황토방 토굴에서 하룻밤을 묵었다. 맑고 깊은 밤하늘에 구름이 스쳐 지나갈 때마다 별들이 숨바꼭질하는 그 마을의 이름은 '견불見佛' 마을이었다. 부처를 눈으로 바로 본다는 견불.

산언덕 마당에서 바라본 지리산의 등줄기는 이리 봐도 부처의 얼굴, 저리 봐도 부처의 얼굴이었다. 이름도 잘 지었지만 부처를 바라보는 마음은 보는 만큼 닮아 가는가 싶었다. 사람은 무엇을 보든 보는 만큼 닮아간다.

이튿날 새벽 4시 이불을 개고 좌선을 하는데 마당 한가운데로 구름이 스쳐 지나간다. 이 땅에 아무리 많은 사람이 살아도 부처의 마음으로 사는 사람이 몇이나 될까, 부처의 얼굴과 자비를 보여주는 사람은 몇이나 될까 생각하다 문득 '그렇지' 하며 마음이 멈추었다. 지구상의 인구가 70억 명이라고 하지만 세상 사람이 알고 보니 모두가 부처님이었구나. 불경에도 '천백억화신 석가모니불'이라고 쓰여 있지 않은가. 무려 1,100억 명의 사람이 부처라는 말이 나를 다시금 돌아보게 했다.

그동안 나는 얼마나 사람의 성품을 가리고, 누구는 어떻고 누구는 이래서 불편하다고 했던가. 이 울퉁불퉁하고 불편한 마음 거울을 얼마나 더 닦아야 맑은 거울이 될까 참회를 했다.

실수하는 부처님, 성을 내는 부처님, 거짓말하는 부처님, 가족의 배고픔을 달래려 도둑질하던 부처님, 마음의 상처에 몸부림치다 세상을 떠난 부처님, 암으로 투병하는 부처님 등 헤아릴 수 없는 부처들이 이 땅에 있음에…. 이 세상에서는 모두가 스승이었구나 하는 마음에 새벽 좌선을 하며 깊은 생각에 잠겼다.

본래 사람들은 근심 없는 깨끗한 마음을 갖고 있다. 하지만 그 마음을 돌아보지 못하고 원망하는 마음을 갖고 살아간다. 그렇다면 어떻게 해야 마음을 깨끗이 할 수 있는가. 스승은 이렇게 말했다.

"깨끗함도 없고, 깨끗함이 없음도 없음이 필경 깨끗함이니라. 그러니 세상 모든 것에 무심함이 참 공부길이니라."

이 말은 '일체처 무심 시정 一切處 無心 是淨'이라는 깊은 뜻과 다름없다.

『금강경』은 세상 사람들에게 이런 글을 전한다. 시방의 모든 부처님들께 공양 올리는 것이 무심도인 한 사람에게 공양 올리는 것만 못하다. 그것은 무심한 사람에게는 일체의 비교 마음이 없기 때문이다.

살면서 무심無心처럼 좋은 말이 또 있을까. 때론 다시 스쳐 지나지 않을 바람처럼, 길가의 이름 없는 풀잎처럼 살고 싶다. 그렇게 마음에 상처 없이 이생을 살다 가는 사람이고 싶다.

낙엽이 전하는 말

업은 착하게 쌓아 선업이 되고,
나쁘게 쌓아 악업이 되기도 한다.

'홀로 떨어지는 잎새도 사랑이 있었구나.'

가을, 나무에서 떨어진 흩어진 낙엽을 보며 느낀 감상이다. 평소 마음은 순간순간 '알아차림'이 매우 중요하다고 생각했던 나에게 지는 낙엽이 한 생각을 더 머물게 한다. '마음'이란 무엇인가. 쌓인 생각이나 주변 환경의 삶에서 생성된 사념 등이 굳어진 생각의 집이다.

어떤 사람은 하루 종일 이 생각 저 생각 하다 '이제 마음을 굳혔어'라고 다짐하는 반면, 어떤 이는 온종일 생각만 한다. 다시 말해 생각은 정리되지 않은 마음이다. 그리고 생각이 깊어지면 그걸 고민이라 한다. 살면서 단순하게 생각하고 결정하고 행동하는 게 쉽지 않다는 걸 깨닫는다.

불경에 '카르마'라는 것이 있다. 우리의 생각이나 행동이 삶에서 하나의 흔적으로 남아 자신을 지배한다는 뜻이다. 다른 말로는 업業이라 한다. 업은 착하게 쌓아 선업이 되고, 나쁘게 쌓아 악업이 되기도 한다. 그렇기에 수행자들은 항상 선을 권장하고 악은 피하거나 연민의 마음으로 되돌려 보내곤 한다.

연민은 그 사람에게서 몰랐던 삶의 내용을 내가 헤아려 소통하는 에너지다. 우리가 진실로 사람과 만나게 될 때는 그 사람의 진심이 내 마음에 머물 때다. 40대는 생각이 많은 나이, 50대는 오해를 푸는 나이라고 하지 않나思+誤+.

상처받는 사람들 대부분은 '세상은 원래 나 같아야 한다'고 생각한다. 가령 '그 여자는 억울하고 그 남자는 서운하다'는 말이 있다고 치자. 왜 억울하고 서운한가. 서로에 대해 기대하는 마음이 넘쳤기 때문이다. 미안한 말이지만, 순진함도 알고 보면 개인주의와 이기주의가 함께하고 있다.

세상에 내 마음 같은 사람은 단 한 명도 없다. 그런데도 자기 맘 같아야 한다고 생각하며 남을 미워하는 자들이 생긴다. 이럴 땐 순진이 병이다.

사람들은 사랑과 행복의 어원이 동일한 것으로 안다. 사랑은 주는 것이고 사랑하는 일은 서로 닮아가는 것이다. 곰곰이 생각해 보라. 성자 예수가 세상에서 무얼 받으려고 했던가.

행복은 가을바람에 햇빛 스치듯 잠깐의 마음뿐이다. 세상에 행복해 죽겠다(?)는 사람은 없다.

요즘 사람들은 사랑을 밥 먹듯 말하는데, 불교의 유마 거사는 "중생이 아프니 나도 아프다"며 같이 아파했고, 원불교 주산 송도성 종사(1907~1946)는 8·15광복을 맞아 전재동포구호사업에 몰두하던 중 전염병에 감염되어 돌아가셨다. '문둥이의 성자'로 알려진 다미안 신부(1840~1889)는 19세기말 하와이 몰로카이 섬에서 나환자들과 함께 살다 문둥병에 걸려 젊은 나이에 세상을 떠났다. 이것이 함께하고 아파하는 참사랑의 깊이다.

사람들은 두 부류로 현재를 살아간다. 한 부류는 과거 부정으로 삶을 살고, 다른 부류는 과거 긍정으로 살아간다. 그런데 전자는 "과거에 우린 슬프고 괴롭고 피곤했어, 내가 얼마나 고생했는지 몰라, 그러니 나는 보상을 받아야 해"라고 말한다. 후자는 "그땐 참 뭔지 모르고 살았지만 오히려 그때가 그립고 행복했어"라고 말한다.

당신은 어떤 쪽을 택하겠는가. 가을 낙엽처럼 인생도 과거의 추억이 쌓여 고즈넉한 현재가 된다.

어떤 때, 가만히 생각해 보면 삶은 꿈속에서 꿈을 꾸는 것과 같다. 옛말에 '몽중지몽夢中之夢'이라 했다. 하루를 사는 건 꿈속에서 한 차트를 넘기는 것일 뿐이다.

천상병 시인의 말처럼 우린 또다시 가난한 소풍 길에 사랑을 내려놓으며 뒹굴고 있는 가을 잎새와 같다.

러시아거리 | 40 * 50 | watercolor | 2015

한해를 마무리 하는 나무들

남 꼴 보기 어려운 상황에서도 꼴을 보는 게 큰 공부이다.
하지만 '사람 꼴 보는 것'이 결코 쉽지 않은 게 우리네 인생이다.

매년 찬바람 부는 초겨울이 되면 가을걷이에서 수확한 좋은 쌀 한 가마를 시주했다는 불심 깊은 신도의 얘기를 들은 적이 있다.

어느 해 늦가을 그는 20리 길 떨어진 절에 햅쌀을 공양하러 등짐을 지게에 지었다. 새벽부터 집을 나서 개울을 건너는데, 징검다리가 놓여 있어 발을 디딜 때마다 다리에 힘을 줘야 했다. 거의 다 건너갈 무렵 자기도 모르게 방귀가 나왔다. 그는 어쩔 줄 몰라 혼자 고민을 했다. 부처님께 올릴 공양미를 방귀 냄새로 오염시켰으니 양심상 도저히 '기도 정성미'라며 절에 갖다 드릴 수가 없었다. 결국 집으로 돌아와 다른 쌀로 바꿔 다시 먼 길을 걸어 절에 공양했다고 한다. 그는 추수한 뒤 감사하는 마음에서 온갖 정성으로 가장 좋은 쌀을 골라 시주를 했을 것이다. 이처럼 삶은 누구나 할 것 없이 끝없는 정성이다.

마음으로 정성을 가득 채우는 것은 자신에 대한 힐링도 된다. 자신에 대해 깊은 이야기를 하는 것이 참다운 기도다.

우리는 다들 진지하게 인생을 살아가지만 그래도 실수하고, 기대에 못 미치는 삶이 거듭되면서 무기력해지기도 하고, 헛발질 한 인생을 산 듯 아쉬운 마음이 들기도 한다.

학창 시절 김현승 시인의 '가을에는 기도하게 하소서'라는 글을 본 적이 있다. 그땐 그냥 그런가 보다 했다. 이제 나이를 먹고 보니 가을엔 정말 기도하지 않을 수가 없다. 시인들이 시로 세상사를 말하지 않아도 자연은 적막하게 낙엽을 잠재우고 있다. 산과 들에 다니던 다람쥐나 야생동물도 서서히 겨울살림 준비를 한다. 수행자들도 옷 벗은 겨울나무들처럼 마음 비우는 공부를 한다. 비우고 내려놓는 달이 12월이다. 그리고 한 해 동안 내 안에 파고든 얼룩진 상처들도 아무는 달이다.

인연으로 맺어진 인간관계, 그중엔 어쩔 수 없이 맺어진 삶도 있을 것이다. 얼마 전 신문을 보니 나이 들어 서로 마음이 안 맞아 헤어지는 사람이 많다는 소식이 눈에 띄었다. 삶은 끝없는 만남과 헤어짐의 반복이다. 인연이 다해 헤어지는 것은 많은 상처를 동반한다.

언젠가 사찰에서 밥을 한 끼 얻어먹은 적이 있었다. 그때 함께한 스님이 물었다. "혹시 '정통'을 아십니까?" 생전 처음 들어본 말이었다. 스님 말씀에 정통은 '깨끗할 정淨'에 '그릇 통桶'이라면서 절에서 화장실(해우소)을 청소하고 관리하는 직책이 바로 '정통'이란다.

사람들은 음식을 먹을 땐 같이 먹으며 즐거움을 나누지만 배변은 같이하지 않는다. 깨끗하고 더러운 것에 대한 인식이 우리 마음에 들어앉아 있기 때문일 게다. 그 스님이 말했다.

"중은 호불호를 가리지 않아야 진짜 중입니다. 얻어먹고 시주에 의지하는 사람들이 좋은 것, 더러운 것 가리겠습니까. 그 정신만 살아 있으면 중노릇은 참으로 편하게 할 수 있습니다."

언젠가 스승은 이런 말씀을 주셨다. "남 꼴 보기 어려운 상황에서도 꼴을 보는 게 큰 공부이다." 하지만 내려놓는 것, '사람 꼴 보는 것'이 결코 쉽지 않은 게 우리네 인생이다.

도종환 시인은 '단풍드는 날'에서 이렇게 말했다.

버려야 할 것이
무엇인지를 아는 순간부터
나무는 가장 아름답게 불탄다.

나를 내려놓으면 주위는 편안해진다. 창가에 앙상한 가지로 서성이는 은행나무, 안타깝지만 화려한 잎들을 찬바람 속에 모두 내려놓았다. 값진 것일수록 내려놓는 게 마음공부하는 데는 제일이다. 애착은 집착이 되어 나도 모르게 마음을 상처내는 독약이 될 수 있다.

지혜가 있든 없든
잊을 건 잊는 사람이어야
맺힌 고통에서
벗어날 수 있다

인간의 향기

누구를 닮으면 되는지, 멘토는 누구로 하면 좋은지 고민하며 살아간다.
하지만 결국 중요한 건 나 자신이다.

　　언제부턴가 삶이 허허할 땐 그림을 그리곤 했었다. 그렇게
세월이 흘러 지금은 붓을 잡고 의미 있는 그림 전시도 하고 또
남의 그림을 보며 축하도 해준다. 인간의 이러한 일기逸氣가 문
화 역사에서 문명사를 만들어내지 않았을까.

　　10여 년 전에는 충북 연풍에 사시는 연제식 신부님과 그림
전시회를 했었다. 소탈하고 유머가 풍부하며 관조적 말씀도 재
미나게 하시는 분으로, 어쩌다 한번 뵙게 되면 세상 살아가는 얘
기에 그날 하루가 즐겁다. 초지일관 산과 계곡의 풍경을 화폭에
담으면서도 명상 중인 본인과 늘 옆을 따라다니는 개 한 마리를

그린 그림도 선보일 정도로 자유로운 영혼을 가진 분이다.

얼마 전엔 천안 성거산 순교성지에 계시는 정지풍 신부님을 만나게 됐다. 추상화를 그리시는 분으로 부모님 뜻에 따라 의대를 다니다 '이게 내 삶이 아니다'라는 생각에 어느 날 가출하다시피 집을 나와 가톨릭신학대학에서 신부 수업을 마친 뒤 서른일곱 살에야 서품을 받았다고 한다. 그 신부님이 내게 들려준 일화가 있다.

보좌 신부 기간을 마치고 드디어 정식 신부가 돼 충청도 시골 본당에 근무하고 있을 때였다. 어느 해 추운 설날 마을 외딴곳에 홀로 살고 계신 나이 많은 할머니가 생각났다. 자식도, 남편도 없는 외로운 분이 명절에 어떻게 지내고 계실까 싶어 '오늘은 할머니의 아들이 돼보자'고 마음먹고 어스름한 저녁 성당을 나서 논길과 산길을 걸어 마을 외딴집을 찾아갔더란다.

문을 두드리며 인기척을 하니 할머니가 "아니, 우리 신부님이 여기를 어디라고 오셨어요"라며 맨발로 마당을 나와 신부님을 얼싸안고는 손을 끌고 방으로 들어갔다. 그러고는 할머니가 손수 차린 저녁밥을 먹으며 이런저런 이야기꽃을 피우다 보니 늦은 밤이 돼서야 집을 나서게 됐다.

그런데 하필 그날 소리 없이 눈이 내리더니 집을 나설 때는 앞을 분간할 수 없을 정도로 쌓여 있었다. 길이 안 보일 정도로 내리는 눈에 한 시간이면 올 수 있는 길을 무려 세 시간 동안 산 길을 넘어 새벽 3시가 돼서야 성당에 도착했다. 그때 신부님은 이런 생각이 들었다고 했다. '이런 맛으로 신부 하지.' 할머니 생 각에 밤을 꼬박 새우고 새벽 미사를 드렸던 기억이 지금도 생생 하다고 했다.

며칠 전 경북 김천에서 독신으로 살고 있는 후배 교무에게 전화를 했다.

"형님, 어쩐 일로 전화를 다 하셨소."

"응. 날도 추운데 어찌 사나 싶어서. 요즘 잘 살지?"

"네, 그런데 요즘 좀 바빠요."

사연인 즉 얼마 전 지리산 운봉에 계신 85세 어머니가 찾아 오셨단다. 날도 추운 겨울, 결혼도 안 하고 혼자 교화를 하는 막 둥이 아들이 걱정돼 먼 길을 마다 않고 오신 거였다. 50이 넘은 아들도 부모 마음에는 한없이 부족하고 어설픈 자식일 뿐이었 다. 며칠을 지내시던 어머니는 심심하셨던지 평소 잘 짓던 겨울 감기 특효약을 만들어주겠다며 팔을 걷어붙이셨다. 생강을 깨끗 이 물에 씻고 말린 뒤 즙을 내고는 꿀을 적당히 넣는 게 비법이 었다. 이를 작은 병에 담아 몇몇 이웃에게 나눠줬는데, 맛을 본 사람들이 이구동성으로 또 만들어달라는 바람에 요즘 어머니가 눈코 뜰 새 없이 바쁘시단다.

오늘날 우리는 세상에서 누구를 닮으면 되는지, 멘토는 누구로 하면 좋은지 늘 고민하며 살아간다. 하지만 곰곰이 생각해 보면 결국 중요한 건 나 자신이다. 눈 시린 한겨울 매화꽃도 향기를 내뿜는데 사람은 더 그윽한 향을 내뿜어야 하지 않겠는가.

맑고 담담하고 단순하게

부처님 말씀에서도
'쉬는 게 깨달음'이라 하지 않았던가.

오랜만에 눈이 내리니 춥기는 해도 마음이 평온하다. 도시민들이 살기엔 춥지도 않고 눈도 안 내렸으면 좋지만 농사를 짓는 사람들은 적당히 눈이 쌓여야 풍년이 된다 하니 사는 모습에 따라 세상은 공평치가 않다.

얼마 전 오랜만에 만나 뵌 선배님께 굴국밥을 사드리고 연초 인사를 나누는데 "올해는 눈이 많이 내리지 않아"라고 하셨다. 그래서 "왜 그런가요"라고 물으니 갑오년의 '오午'가 불의 성질을 가지고 있어서 하늘에서 눈이 내리려다가도 따뜻한 기운에 물기가 사라져 버린다고 했다.

좋아하는 계절이 모두들 달라 어떤 사람들은 꽃 피는 봄이 좋다 하고 또 어떤 사람은 여름이 좋다고 한다. 난 두꺼운 옷을 입어도 하얀 낭만이 있는 겨울이 좋다. 살아가는 데 나름의 생존 비법(?)만 터득하면 한겨울을 잘 지낼 수 있다. 새해엔 여러 사람들이 복 받으라고 문자를 보냈고 이런저런 동영상도 보내왔지만 정성스럽게 보내온 덕담 편지는 없었다. 삶이 건조한 건지 이제는 그런 정감도 찾기 힘들다.

지난해 봄 섬진강 끝자락 광양에 매화꽃 필 때 나는 정기 선禪을 일주일간 다녀오면서 마음을 새롭게 다졌다. 선 기간에 저녁식사를 하며 원장 교무에게 제안을 했다. "교무님, 이 좋은 계절에 그냥 앉아 선만 할 수 있나요. 하루 날 잡아 매화꽃 향기 맞으러 남쪽으로 떠나게요." 이튿날 우리는 김밥을 싸고 버스까지 전세 내서 매화나무 흩날리는 섬진강변에 다녀왔다. 앉아 있으며 명상한다고 마음이 온전한 것만은 아니다. 때로 계절에 순응하는 것도 삶의 향기로운 여백이 될 수 있다.

선을 마친 후 마음도 맑게 담담해지자며 나만의 내규內規를 만들어 실행에 옮기기 시작했다. 첫째는 저녁밥 먹고 8시가 넘으면 불빛을 작게 한 뒤 좌복에 앉아 한 시간 이상 조용히 선을 하고, 둘째는 음식을 담박하게 먹어 식탐하는 습관을 버리며, 셋째는 눈이 침침할 정도로 책을 읽지 않는다는 거였다.

언제부턴가 저녁 뉴스를 보면 마음이 우울해져 차츰 TV를 멀리했다. 그렇게 저녁 시간은 고요한 내 삶의 일부분이 되었다. 몇 개월 지난 어느 날, 앉았다 일어나려니 고관절이 조금씩 아팠다. 가까운 의원에서 X레이를 찍고 나니 의사가 물었다. "오랫동안 앉아 있었나요." "네, 좌선을 좀 밤늦게까지 했습니다." 의사가 고개를 저으며 말했다. "이제 그거 그만두세요. 나이가 들면 근육의 탄력이 떨어져 고관절에 무리가 갑니다. 물리치료 하시고 쉬세요." 문득 '육신도 내 맘대로 할 수 없는 나이가 됐나'라는 생각이 들어 돌아오는 길에 '그동안 헐거운 육신 끌고 다니느라 애썼다'며 마음으로 몸을 위로했다.

또한 맛있다고 음식을 더 먹지 않는 습관은 어느새 내 마음속에서 욕심이나 비교하는 마음이 사라지게 했다. '먹는 걸 보면 그 사람을 안다'는 옛 수행자의 말처럼 그새 체중도 6kg이나 줄었다. 책도 잠자기 전에 잠시 한 시간 정도 보는 습관을 들였다. 장터에서 국밥 먹다 만난 친구처럼 잠깐 스치듯 보니 책도 쉬고 나도 쉬는 일상이 되어갔고 마음도 한결 한가해졌다.

예전 어느 스님의 글을 읽다가 쪽지에 적어놓은 문구가 생각난다. '세속을 벗어난 수도승들은 먼저 머리를 깎은 뒤 시계를 던져버린다. 그 다음 부모에게 망배를 하고 목욕을 하며 인생을 다시 찾는다.' 지극한 시간 속에 들어갈 때는 시계조차도 없어야 한다는 뜻이다. 부처님 말씀에서도 '쉬는 게 깨달음'이라 하지 않았던가.

입넓은 항아리 | 40 * 30 | watercolor | 2015

인생의 단순한 진리

직위가 높은 자리에 있어도 그만큼의 걱정이 있을 터.
타인이 보기에 행복한 듯싶어도 보이지 않는 고통은 있기 마련일 게다.

안경을 쓰고도 안경을 찾는 날이 있다. 그럴 땐 순간적으로 '내가 지금 뭐 하지'라는 생각이 든다. 세상에서 자신을 아는 것이 수행이고 또 깨달음이라고 한다. 그만큼 인간은 밖으로 바라보는 시간과 생각이 많다는 뜻일 게다.

지난해 여름 지인과 중국에 간 적이 있다. 만리장성에 올라가 기념사진을 찍을 때였다. 수많은 사람들 틈에서 사진 찍기에 바쁘다 보니 지인은 모자 위 선글라스가 성 밑으로 떨어진 것도 몰랐다. 다행히 내가 그 순간을 목격해 성 밑까지 내려가 간신히 찾을 수 있었다.

덕분에 기분이 좋아진 그는 저녁을 사겠다고 했다. 식사 자리에서 가이드가 한 말이 아직도 기억에 남는다. 중국에서는 귀한 손님을 맞이할 때 그릇의 이가 살짝 깨진 것을 내놓는단다. '당신을 오래된 그릇처럼 편하게 모십니다'라는 뜻이란다.

즐겁고 풍요로운 만찬이 이어지던 중 결혼 생활 30년 정도 된 한 친구가 이런 말을 했다. "안사람이 키만 조금 컸더라면…." 그러자 옆에서 그의 아내가 바로 말을 받았다. "무슨 소리야, 내가 조금만 컸다면 당신하곤 만나지도 않았어." 모두들 한바탕 웃었다.

그랬다. 아무리 잉꼬 같은 부부라도 서로에게 만족하지 못한 부분이 있을 것이다. '세상 사람들 모두 다 비슷하구나'라는 생각이 뇌리를 스쳤다.

최근 한 선배가 책을 냈다고 하길래 서점에서 한 권을 구입했다. 퇴근해서 조명을 낮게 하고 가만히 글을 읽다 보니 책의 두께만큼 그의 삶도 두꺼웠음을 느낄 수 있었다. 선배는 결혼한 뒤 교단의 명령에 따라 전국을 돌며 법회를 열었다. 선택권도 없이 '견우와 직녀' 신세가 돼버린 그의 아내도 "저 사람은 원래 저런 사람"이라며 남편과 떨어져 지내야 하는 삶에 차츰 면역이 됐다고 한다.

그러길 20여 년 어느 날 선배는 집에서 걸려온 전화 한 통을 받았다. 그날따라 아내 목소리가 심상찮음을 느낀 그는 곧바로 서울로 올라가 종합병원에서 검진을 받게 했다. 결과는 유방암 4기. 순간 맥이 풀리고 살아온 세월들이 안개 낀 날처럼 희미하게 스쳐 지나가더란다. 담당 의사에게 매달렸지만 이미 암 세포가 몸 곳곳으로 전이돼 수술조차 불가능한 상태였다.

월세와 전세로 무려 스무 번 넘게 이사를 다니며 무능한 남편 노릇만 했는데…. 하지만 그의 아내는 결국 1년 뒤 세상을 떠났다. 아내의 임종 때도 교단 일에 쫓겨 곁을 지키지 못했다는 그는 그때의 아픔을 파노라마 영상처럼 적어 나갔다.

책을 다 읽고 나니 문득 인생의 진리를 깨달은 듯한 느낌이 들었다.

'그래, 누구나 아픈 한 짐을 지고 있구나. 어느 가정이나 한 가지 괴로움을 끌어안고 있구나. 어느 나라나 한 가지 운명적 갈등은 갖고 있구나.'

지난해 지리산 달궁 고갯길을 넘으며 태풍과 비바람에 소나무들이 통째로 꺾인 모습을 보았던 나는 여실히 자연의 고통과 마주쳐야 했다. '하늘도 무심하다 싶었는데 실은 자연도 상처와 아픔을 끌어안고 있었구나'라는 생각이 들었다.

나이가 들어 건강하긴 한데 돈이 부족하다는 사람, 혹은 돈은 있는데 건강이 따르지 않는다는 사람을 만날 때의 느낌도 비슷했다. 하나가 좋으면 하나는 좋지 않음이 삶의 운명 같다는 생각도, 하나를 가지면 하나를 놓으라는 평소 생각도 더욱 간절하게 다가왔다. 직위가 높은 자리에 있어도 그만큼의 걱정이 있을 터. 타인이 보기에 행복한 듯싶어도 보이지 않는 고통은 있기 마련일 게다. 그래서 사람들은 자기 무게만큼 짐을 지고 꿈도 꾸게 되나 보다.

달팽이의 지혜

지혜가 있든 없든 잊을 건 잊는 사람이어야
맺힌 고통에서 벗어날 수 있다.

3월에는 침묵하던 버들가지들도 햇볕 따스한 바람에 휩쓸려 빗질을 시작한다. 출렁거릴 때마다 강변 이야기가 되새김질하듯 풍경을 연출하곤 한다.

이런 노래가 있다. '버들피리 소리 들려올 때면 그리운 사람이 온다.' 이렇게 시작하는 노래인데, 사람마다 그리운 사람이 있을 게다. 그립던 사람도, 그리운 사람도 어찌 보면 내 마음속의 설렘이다. 강변을 거닐며 돌멩이 하나 던지면 은빛 물결에 보고 싶은 사람의 얼굴이 떠오른다는 가사 구절은 봄꽃의 맑은 웃음 같다. 살면서 누구를 생각한다는 건 어찌 보면 행복하다.

며칠 전 봄비가 내렸을 때 유리창 너머로 빗방울을 보며 '버들피리' 노래를 흥얼거렸다. 내 마음도 버들피리의 순수한 노래 가사처럼 봄을 맞이하고 있었다. 바람 부는 쌀쌀한 오후, 누군가 내게 이런 말을 전해줬다.

달팽이 한 마리가 나무를 기어오르기 시작했다. 부근에 있던 새들은 이상한 행동을 하는 달팽이에게 한마디씩 했다.

"이 멍청아! 도대체 어디로 가는지 알고 올라가는 거냐?"

그러자 다른 새들도 거들었다.

"도대체 그 나무에는 왜 올라가는 거니?"

옆에 있던 다른 새도 덩달아 말했다.

"나무에 올라가 봤자 열매도 없어."

마침내 달팽이가 대꾸했다.

"내가 저 꼭대기에 올라갈 즈음에는 틀림없이 열매가 열려 있을 거야."

어찌 보면 우리네 삶에도 달팽이의 그것과 닮은 부분이 적잖다. 보채지 않고 기다리는 사람도 있고, 또 잘못될 걸 뻔히 알면서도 바라보고 믿어주는 부모의 마음이 있다. 시간이 흐르면 어떤 일은 결과가 보이고, 또 어떤 일은 여전히 진행형일 수도 있을 거다.

현대인들이 좋아하는 사자성어 중 역지사지易地思之와 새옹

지마塞翁之馬가 있다. 역지사지는 상대와 소통하려는 긍정의 마음이고, 새옹지마는 변화를 즐기는 여유일 것이다. 때로 우리 삶에 가슴 뭉클한 반전을 가져오는 '새옹'처럼 그 일이 오히려 내 삶에서 운명이 되는 경우가 종종 있다.

일주일간 출장을 다녀와 컴퓨터에 앉았다. 문득 '좋은 사람이 되는 법'이란 글이 눈에 들어왔다. 좋은 사람을 만나기보단 내가 좋은 사람이 되는 게 차라리 쉬운 것 같다.

작은 것부터 시작해 보자. 껌을 버릴 때도 주머니에 껌 종이를 넣어뒀다가 꺼내 쓰면 된다. 지인들과 대화할 때도 '뭐라고? 그래서? 응! 그런데? 정말? 와!' 등의 단어를 자주 써보자. 여기에 '어머~어머~어머~'라며 자동차 브레이크 밟듯 세 번 연달아 말하면 서로 간에 기막힌 소통이 이뤄진다.

어떤 일이 갑자기 생각나지 않으면 그냥 잊자. 어차피 우린 깜빡깜빡하는 데 전문가들 아닌가. 지나간 일들은 묻어버리자. 그게 마음을 편안하게 하는 지름길이다. 이미 한 얘기를 계속 반복하는 사람은 초라해 보일 뿐이다. 지혜가 있든 없든 잊을 건 잊는 사람이어야 맺힌 고통에서 벗어날 수 있다.

봄 햇살 가득한 날, 선승처럼 가볍게 지리산 산동 산수유 꽃을 보러 갔다. 침묵하던 산도 어느새 살림을 시작했다. 계곡 물

소리에 꽃들은 노랗게 자신들을 물들이고 있었다. 순간 시 한 구
절이 떠올랐다.

하루하루 꽃피는 것도 두렵네
내 청춘도 꽃잎도
어느덧 나란히 갈 수 없기에

함양대원기涵養大圓氣, 보보초삼계步步超三界. 온유한 우주의
맑은 기운을 함축하고 걸음걸음 삼계를 뛰어넘는다는 뜻이다.

꽃보다 아름다운 사람

명예와 분수를 모르는 아집, 치기에 가까운 집착 등 어찌 보면
'나만 모를 뿐 남들은 이미 다 알고 있는 일'들은 진정 경계해야 한다.

인디언들의 4월은 '머리맡에 씨앗을 두고 자는 달'이라 했
다. 그러나 봄은 동백도, 매화도, 벚꽃도 머리맡에 머무는 계절
이다.

누군가 그랬다. 동백은 가슴으로 피었다 떨어지기에 '퉁' 하
고, 매화는 긴 겨울의 이야기를 전해주며, 그 시간의 절반만큼
벚꽃이 따라 핀다고. 목련도 아쉬운 만큼 담벼락에 '척' 걸치며
떨어진다. 배꽃은 어떠한가, 언제 피었는가 싶어 길가의 꽃 손님
에게 물어보면 "글쎄요…"라고 할 정도로 어리둥절한 사이에 피
었다 진다.

고려 원감국사는 "바람에 배꽃이 날리니 뜰에 가득 흰 눈이

쌓이네風打梨花滿庭雪"라는 선시를 남겼다. '꽃이 진다고 그대를 잊은 적 없다'는 말이 내 귀에도 들리지만 꽃은 어찌 보면 피는 맛보다 지는 맛이 더 화려하다.

얼마 전 일본 오사카성에서 본 벚꽃도 그 화려함 못지않게 성을 둘러싼 해자 물결에 떨어지는 꽃잎들이 무상의 아름다움을 연출하고 있었다.

가까운 지인이 한동안 소식이 없었다. 궁금해 안부를 물으니 그때서야 이렇게 말했다.

"장인이 얼마 전 치매와 노환으로 돌아가셨어. 가족들끼리 상의해서 아무에게도 알리지 않고 친척들끼리 조용히 의례를 치르다 보니 그리 되었네."

생각해보니 마음이 든든한 사람이구나 싶었다. 조용히, 그리고 성심성의껏 가족과 주변을 챙겨주는 사람을 보면 닮아가고 싶어진다. 벚꽃놀이에, 주말에, 또 청명에 다들 분분하니 조촐한 의례로 대사를 치렀을 것이다. 사람이 사람 도리 하며 살기가 힘들지만 그런 가운데서도 사는 모습이 정리되고 싱싱한 사람이 있다. 내 삶에서 본받을 만한 사람은 꽃보다 더 아름다운 향기가 난다.

살면서 '출가出家했다'는 말을 서슴없이 하는 종교인들을 주변에서 종종 본다. '출가'의 본뜻을 헤아려보면 '모질다'는 뜻이다. 인연의 끈과 자신의 공부길에 인생 전부를 거는 사람들이기 때문이다. 수행자라는 말보다 더 무서운 말이 '출가자'다.

명예와 분수를 모르는 아집, 치기에 가까운 집착 등 어찌 보면 '나만 모를 뿐 남들은 이미 다 알고 있는 일'은 출가한 사람들이 진정 경계해야 할 일이다. 나이가 들수록 차츰 나를 간섭할 스승과 어른이 돌아가시고 곁에 없다는 깨달음에 나의 성찰은 무디어질 수밖에 없다.

내가 좋아하는 단어 신독愼獨은 젊은 사람들에게만 필요한 게 아니다. 나이 50이 가까울수록 스스로 신독의 생활을 체득해야 할 거다. 늦은 저녁 밖을 보니 봄꽃 바람이 적막하고 찬 기운이 달빛에 누었다. '세상이 아름다운 것은 그것이 영원하지 않고 사라지기 때문'이라는 어떤 이의 영롱한 글에 어제는 잠을 이루지 못했다.

삶이 담담해지려면 세상의 시비에 대한 내 판단 기준의 번뇌표가 지워져야 한다. 번뇌는 내가 가진 그릇의 물만큼 출렁거릴 뿐이다. 시인이자 예언자인 칼릴 지브란(1883~1931)은 이런 말을 했다.

"온유한 사람은 두 가지 마음을 갖고 있다. 하나는 사랑하는 마음이고 다른 하나는 세상을 받아들이는 마음이다."

봄바람도 할미꽃도 그늘에 숨는 오후, 우린 꽃처럼 피고 물처럼 흘러 산비탈 종달새가 지나간 시간을 함께 건너고 있다.

최근 본 책 『잡초이야기』엔 이런 내용이 있다. '잡초의 삶도 사람과 다를 바 없어 큰 야망을 품은 잡초가 있는가 하면 작고 소박한 크기로 살기를 꿈꾸는 잡초가 있다'는 거다. 밑바닥을 기면서도 행복한 잡초도 있고, 경쟁이 싫어 사람의 발에 밟히는 고생을 참아가며 홀로 사는 잡초도 있다는 것을 알았다. 아무도 봐주지 않는 제비꽃, 둑새풀, 쇠뜨기, 냉이, 개망초 등의 삶은 저만치 세상 밖에 서 있는 이름 없는 선승禪僧 같은 풀들이다.

인연 그리고 정리

삶이 불안한 것은 믿었던 사람, 믿었던 사회가
우리를 배신하기 때문일지도 모른다.

부처님 오신 날, 약식으로 연등만 몇 개 달고 법설을 마친
뒤 교도들과 비빔밥 공양을 한 충청도 시골 교무님이 조금은 마
음이 허전했던지 다음 법회에선 '교리퀴즈 법회'를 마련했단다.
첫 번째 퀴즈는 '소 잃고 ○○○ 고치기' 문제를 내자 곧장 80세
넘은 할머니가 손을 번쩍 들어 정답을 맞혔다. 두 번째 문제는
좀 심각한 교리퀴즈로 '삼학 ○○'였다.

잠시의 침묵 후 옆 동네 할머니가 큰소리로 외쳤다.

"영구요~."

순간 장내는 한바탕 폭소로 웃음바다가 됐다.

뜬금없이 영구는 왜 나왔을까. 영구와 같이 어이없는 행동

을 하는 드라마 주인공처럼 평범한 소시민들도 때론 어이없는 일에 직면해 '영구'가 된 듯한 느낌을 받곤 한다. 할머니의 '영구' 답변이 단순히 농담만은 아니란 생각이 드는 건 다사다난한 우리네 삶 때문이리라.

몇 년 전 법회에서 이런 예화로 설교를 한 적이 있다. 어떤 사람이 친구에게 돈을 빌려줬다. 며칠만 빌려주면 틀림없이 이자까지 쳐주겠다고 했단다. 오랫동안 함께하며 마음이 척척 맞는 지인이었기에 그는 기꺼이 돈을 주고 계약서도 쓰지 않았다. 하지만 한 달, 두 달이 지나도 소식이 없어 결국 어렵사리 말을 꺼냈단다. 그 돈 이자 없이 원금만 돌려달라고. 그런데 그 친구는 "언제 내게 돈을 빌려준 적이 있느냐"며 시치미를 떼더란다. 그는 하도 어이가 없고 기가 막혀 아무 말도 못하고는 집에 돌아와 드러누웠다.

며칠 뒤 친한 이웃이 찾아와 시름시름 앓고 있는 그를 물끄러미 바라보더니 처방전을 냈다.

"이 못난 사람아, 그러다 죽어. 도마뱀은 위기의 순간 살아남기 위해 미련 없이 꼬리를 자르잖아. 그 도마뱀이 아픔을 못 느끼며 재미로 그러는 줄 아는가. 주변을 스스로 정리해야 살아남는다는 걸 본능적으로 알기 때문일세."

이웃의 충고에 그는 '잘못된 인연을 스스로 거둬들이는 법'

을 깨달았다고 한다.

주변을 둘러보면 인연 정리를 못해 가슴앓이를 하는 사람이 적잖다. 버리고 떠나야 할 사람과 인연이 돼 맞이할 사람을 하나씩 정리해야 삶이 편안해질 텐데 막상 그러긴 쉽지 않은 게 현실이다. 정 때문일까. 정이 아니라 계산 때문일지도 모른다. 어떤 이가 강의에서 이런 말을 했다.

"스님들의 삶은 끊임없이 비우는 연습을 통해 자신을 정확히 체득하려는 노력의 연속이다."

깨달음과 번뇌는 과정에 불과하다. 마음 비우기는 평생토록 해야 하는 작업이다. 그렇게 마음이 정리되면 어리석음과 욕망에서 벗어나 맑고 푸른 영혼을 가질 수 있을 게다. 이를 벽안碧眼이라고 한다.

가는 사람 잡지 않고 오는 사람 막지 않는다는 말도 있지 않은가. 도마뱀도 그럴진대 우리 인간도 냉정하게 정리할 땐 정리하고 가야 마음의 번뇌를 덜 수 있다.

침대 곁에 산악인 남난희님의 글을 붙여 놓았다.

언제부터인가 나의 삶은
아무것도 가지고 싶은 것이 없고

아무것도 바라는 것이 없고

아무것도 기다리지 않고
아무것도 궁금하지 않다

또 어느 곳에도 가고 싶지 않고
만나고 싶은 사람도 없게 되었다
물기가 다 빠진 풀처럼 가벼운 마음이다
참 좋다.

삶이 불안한 것은 믿었던 사람, 믿었던 사회가 우리를 배신하기 때문일지도 모른다. 최근 누군가 '인간이란 어떤 존재일까'라는 화두를 꺼냈다. 나의 대답은 이랬다.

"인간은 태어나면서 죽을 때까지 탐욕과 욕망 속에 살다가 그것을 다시 제자리에 갖다 놓는 존재다. 호주머니도 없는 옷 한 벌 입을 때까지."

엉겅퀴 꽃차 한 잔의 여유

양심에 걸림이 있는 사람은
스스로 자신에게 넘어질 것만 같은 불안이 늘 떠나지 않는다.

내 나이 39세에 은행잎이 노랗던 늦가을, 시골 읍내에 개척 교당을 한답시고 사무실 한 칸을 빌려 법당과 차 마실 공간으로 간단한 다용도실을 만들어 지낸 적이 있었다.

겨울이 찾아오자 흰 눈이 창틈에 소리 없이 쌓였고, 찬바람이 쉼 없이 창문 틈새로 들어와 기침감기를 달고 살았다. 하지만 '교화'란 원래 이처럼 고단하고 초라하며 단출한 것이라고 스스로를 위로했다.

대추차를 아무리 달여 먹어도 감기와 한기를 물리칠 수 없어 하루는 시장에서 비닐을 사다 바람을 막으니 조용한 낮에도 바람이 머물다 빠지며 버스럭거리는 소리가 들렸다. 모처럼 이

웃 절의 스님도 차 한 잔 마시러 왔다가 "어이쿠, 추워서 골병들겠네." 하며 차를 마시는 둥 마는 둥 잠시 머물다 가버렸다.

그렇게 겨울이 가고 다시 봄이 왔다. 아파트 생활관 구석에도 푸른색 돌나물이 옹기종기 싹이 났다. 아내는 그걸 뜯어 씻은 뒤 참기름, 간장, 고추장 등 양념을 넣어 맛있는 돌나물 무침을 만들었다. 그러곤 암으로 고생하는 이웃의 젊은 아낙에게 남편과 세 아이를 위해서라도 건강을 잘 챙기라며 죽과 함께 갖다 줬다. 그렇게 이웃과 거리를 좁히며 충청도에서 10여 년을 살았다.

며칠 전 점심 무렵 길모퉁이를 돌다 보니 언뜻 돌나물 꽃이 연초록별처럼 피어 있었다. 해마다 응달진 곳에 생긋하게 돋아나는 그것을 보면 그때의 일들이 주마등처럼 스쳐가곤 한다.

지난 주말 아내는 엉겅퀴 꽃을 뜯으러 산에 가자고 했다. 사실 난 엉겅퀴와 패랭이를 구별하지 못할 정도로 야생화에는 문외한이었다. 잎에는 손을 대기가 무서울 정도로 가시가 많고, 매혹의 핑크빛 색깔만 같지 모양은 어디 하나 닮은 곳이 없는 그 꽃들을 볼 때면 이름조차 구분하지 못하는 나의 무심함이 미안할 뿐이다. 이름도, 비석도 없는 낯선 묘지 근처에서 아내는 빛고운 엉겅퀴 두 다발을 모았다. 집에 와서 엉겅퀴의 꽃말을 찾아보니 '근엄', '고독한 사랑'이다.

요즘 나는 세상에 살면서도 세상 이야기를 싫어하는 이상한

결벽증 같은 병에 걸려 있다. 쉬는 날이면 역사소설을 탐독하거나 아니면 그림을 그릴 뿐이다. 꾸미지 않은 역사란 아무리 읽어도 질리지 않는 게 끊임없이 샘솟는 샘물과도 같다. 때로 철저히 외로워도 표시가 나지 않는 사람으로 살며 마음의 빈 구멍을 애써 채우려 하지 않음이 오히려 마음을 숨 쉬게 한다는 생각이 드는 요즘이다.

세상의 이치는 쉽고 간결해 들어오면 반드시 나가야 하고, 먹으면 그만큼 배설해야 건강하며, 나타나면 또한 소리 없이 들어갈 줄 알아야 세상 사람들에게 욕을 먹지 않는다. 양심에 걸림이 있는 사람은 스스로 자신에게 넘어질 것만 같은 불안이 늘 떠나지 않는다. 일찍이 소통 속에서 평平을 찾는다는 말이 내 삶의 위안이 되곤 한다.

얼마 전 미국으로 떠난 선배 교무가 '우생마사牛生馬死'의 이야기를 메일로 보내왔다.

여름 홍수에 개울이 넘치자 소와 말의 주인이 그들을 시험해 볼 요량으로 급물살 속에 소와 말을 떠내려 보냈다. 말은 헤엄을 잘 친다는 평소 생각과 자존심으로 순간적으로 물살을 거슬러 오르려 했다. 처음에는 그럴듯하게 헤엄치는 듯 보였지만 결국 힘이 빠져 물속에 잠겨 죽게 됐다. 반면에 소는 멍청한 듯

허우적거리며 물살을 따라 떠내려가다가도 조금씩조금씩 언덕 가까이로 발을 디뎌 결국엔 개울에서 빠져나왔다.

우리네 인생도 이와 같지 않나 싶다. 풀 냄새 가득한 초여름, 엉겅퀴 꽃차 한 잔 마셔보는 건 어떨까. 비릿하다 해도 마음은 맑고 산뜻해질 게다.

네 맛도 내 맛도 아니네

인생의 참 스승은 거울에 비친 나 자신이다.
나의 이 작은 몸 안에 모든 가르침이 있다.

소태산 대종사 법문에 "사람이 세상에 나서 할 일 가운데 큰
일이 둘이 있으니, 하나는 바른 법을 실천하는 스승을 만나 스스
로 부처의 경지에 오르는 일이요, 둘은 대도를 성취해 중생을 건
지는 일"이라고 했다.

우린 늘 남이 어떻게 사는지, 또 어떤 생각을 하는지에 관심
이 많다. 뭐가 좋다 하면 곧바로 유행을 따르고, 하다못해 비슷
한 거라도 해야 직성이 풀리는 게 우리네 인생사다.

30년 성직자 생활에서 체득한 것이 있다면 어떤 일이 닥칠
때 한 발짝 뒤로 물러서 바라보는 마음의 여유일 게다. 이는 '내
가 스승의 입장이라면 지금 어떻게 해야 하는가'라는 반사적 성

찰에서 비롯된 것이기도 하다. 스승과 도반道伴은 하늘과 땅처럼 항상 우리의 마음 곁에서 편안한 거울이 돼 준다.

종교가 세상에 전하는 향기로움은 스승의 가르침에 따라 늘 말없이 정진하는 성직자들의 모습, 그리고 계율을 지키려는 수행자 개개인의 끝없는 노력에서 나오는 게 아닐까 싶다. 세상이 아무리 혼탁해도 자기의 본분을 지켜 가고자 하는 우직함과 꾸준함이 그들의 삶에 함께하기 때문이다.

'네 맛도 내 맛도 아니네.' 남도 지방에서 흔히 들을 수 있는 표현 중 하나다. 음식이 기대와 달리 별 맛이 없을 때 쓰는 말이다. 고유의 깊은 맛을 지녀야 맛난 음식이라 인정받을 수 있지, 이도저도 아니면 미식가들의 관심을 모으기가 쉽지 않은 법이다. 사람도 마찬가지다. 세상의 온갖 고난과 불행을 인내하며 극복해 가는 과정을 통해 쌓은 내공, 그에 따른 온유함과 평안함이 자연스레 그 사람의 맛과 향기가 되어 주변에 전파되기 마련이다.

얼마 전 허리 통증이 심해져 동네 의원을 찾아가 물리치료를 받은 적이 있었다. 나이 많은 의사가 넌지시 말을 건넸다. "수영 좀 해보시지 그래요. 허리에 그 이상 좋은 게 없어요." 순간 2년 전 큰 맘 먹고 수영을 배우러 갔던 때가 떠올랐다. 당시 레슨 도중에 물을 잔뜩 먹고는 너무 힘들어 한 달도 못 채우고 포기했던 기억이 새삼스레 되살아났다. 맞다. 기계도 자꾸 고장 나면 결국 폐기처분해야 하듯 우리 몸도 더 이상 어쩔 수 없다 싶으면 다시 자연으로 돌아가야 하는 게 세상 이치 아니겠나. 그 전에 최선을 다하자는 생각에 최근 다시 수영교실에 등록한 뒤 못다 한 개구리헤엄을 열심히 배우고 있는 중이다.

그런데 하나가 좋으면 하나가 안 좋은 법. 수영만 하고 나면 몸살이 날 정도로 식은땀이 났다. 약골인가, 허약체질인가 생각해 보니 원인은 다른 데 있었다. 우리 수영반에서 남자 중학생이 수영을 제일 잘 하는데, 그 학생을 '롤 모델'로 삼아 계속 쫓아 다니다 보니 금세 지치곤 했던 것이었다. 뱁새가 처음부터 황새를 따라가려 했으니, 나의 오만이 나를 힘들게 한 셈이다.

지난해 늦여름 남도에서 그림 잘하기로 소문난 스님을 찾아 간 적이 있었다. 그의 화실에 '청정'이란 글씨가 담긴 편액이 눈에 띄었다. 누구의 글씨냐고 물으니 "우리 스님이 내게 잘 살아 가라며 써주신 글"이라고 했다. 청정이란 무엇인가. 맑고 개운하게 사는 모습이 타인에게 거울이 되라는 뜻이다.

우린 늘 맑고 청정하며, 말이 없으면서도 행실이 곧은 사람을 찾아 인생의 스승으로 삼고자 한다. 그러나 인생의 참 스승은 거울에 비친 나 자신이다. 주변에서 그런 사람을 찾아 헤맬 게 아니라 나 스스로를 끊임없이 수양하고 다듬어 가야 한다는 얘기다. 나의 이 작은 몸 안에 모든 가르침이 있다.

백청자 화병 | 40 * 30 | watercolor | 2015

기도하듯 살아가야 할 이유

어떤 것을 잃게 되면
'잃었다'고 하지 말고 '원래 있던 곳으로 되돌아갔다'고 말하라.

몇 년 만에 제주도에 갔다. 여행 기간 장맛비는 오지 않았지만 날은 연일 습했다. 풀들도 지쳐 보였지만 산간에 가끔 구름이 지나다 뿌린 비 때문인지 그래도 넉넉한 바람이 살랑거렸다. 자연이고, 사람이고 적당한 온도와 비가 있어야 살아갈 수 있음을 새삼 깨달았다. 바람·돌·여자, 여기에 비와 구름을 합쳐야 제주의 날씨라 하겠다. 삼다도三多島가 아니라 오다도五多島라 해야 할 듯싶다.

문득 생각해 본다. 구름은 어디서 만들어져 어디서 떠돌다 어디에 비를 내리는 걸까. 땅에서는 아무도 본 사람이 없다.

여행에는 외로움과 비움의 향기가 함께한다. 인생 여행도 마찬가지다. 하얀 솜털처럼 고운 구름이 떠도는가 하면 어느새 비바람이 커다란 흔적을 남기고 사라지는 게 우리네 삶과 같지 않는가. 혼자 떠난 여행이 즐거운 것은 홀로 오롯하다는 점 때문일 게다. 일행에게 동의를 구할 필요가 없다.

    3년 전 이맘 때 암 투병 중인 아내를 위로하는 차원에서 제주도로 가족여행을 떠났다. 암이 재발이라도 하면 이런 여행도 갈 수 없겠다 싶었다. 딸아이의 대학 졸업도 겸해서다. 우리 가족은 낯선 섬에서 서로를 바라보는 시간을 가졌다. 묵은 밭 긴수염 옥수수 열매처럼 힘이 없으면서도 맑기만 하던 아내의 얼굴은 지금도 제주도 바람과 함께 기억에 생생하다. 바람 끝에도 가벼운 실타래처럼 마음은 흔들렸고, 뭐라도 아내에게 잘해줘야할 것만 같은 시간들이었다.

    함덕에 갔다. 맑고 푸른 녹색의 바닷가였다. 3년 전 억새가 손사래 치던 돌담가에는 어느새 집들이 들어서 있었다. 삶은 깊고 끝없는 실타래던가. 돌아오는 길, 제주에 머물 때 우리를 챙겨줬던 선배 교무가 공항 주차장에서 조그마한 꾸러미를 내밀었다. "이런 거 뭣 하러 주세요?"라고 사양했지만 한사코 받으란다.

    집에 와서 열어 보니 몇 가지 해산물이 담겨 있었다. 사람은 사람과 함께 작은 정情의 밭을 일궈가며 사는구나 싶었다. 훈훈한 마음에, 온 가족이 모래밭에서 만들었던 조그마한 두꺼비집을 떠올리며 마음의 여행도 마무리했다.

스토아 학파인 에픽테토스는 이런 말을 했다. 어떤 것을 잃게 되면 "잃었다"고 하지 말고 "원래 있던 곳으로 되돌아갔다"고 말하라고. 자식이 죽었는가? 그 아이는 좀 일찍 먼 길을 떠나 원래 자리로 돌아간 것이다. 사랑하는 사람이 죽었는가? 그 또한 왔던 곳으로 되돌아간 것이다. 재산 또한 마찬가지다. 원래 제자리로 돌아간 것이다.

성직자들이 사는 일은 두 가지다. 하나는 함께 나누는 일이고, 또 하나는 맑은 정리를 하며 사는 것이다. 이런 모습이 세상 사람들에게 거울이 돼야 한다. 이것이 항상 음미하는 나의 상념 중 하나다.

여행에서 돌아온 뒤 며칠 동안 황현의『매천야록』을 읽었다. 조선 말기의 혼란상은 많은 것을 생각하게 했다. 자긍과 자존이 허물어진 나라에서 민초들이 겪어야 했을 영혼의 가난함이 피부에 와 닿았다. 남이야, 나라 살림이야 어찌됐든 자신의 안위만 챙기는 자들의 얘기가 실려 있었다. 서로 끌어안지 못한 민족에겐 늘 고통이 따른다. 기도하듯 살아가는 것, 그것이 타인에 대한 배려고 나누는 삶이란 것을 새삼 확인할 수 있었다.

얼마 전 가까운 벗이 이런 글을 보내왔다.

"기도의 목적은 남을 바꾸려는 것도 아니고, 복을 받으려는 것도 아니고, 내가 원하는 것을 이루려는 것도 아닙니다. 기도는 내가 어떤 상황에 처하더라도 그 상황을 받아낼 수 있는 힘을 기르는 것입니다."

내 마음 속 선배의 어록語錄

온전히 버릴 줄 알아야
온전히 받을 수 있다.

가만히 생각해 보면 인간은 번뇌 속에서 살아가는 듯하다. 세상 사람들 얘기를 들어보면 순리대로 일이 잘 풀렸다는 말은 쉽게 하지 않는다. 어떤 일을 하는데 온갖 변칙을 다해 처리했다며 나름의 비법을 늘어놓는다. 원칙을 위반했어도 결국엔 목적에 맞게 되었다는 것인데, 하지만 이는 자기 입맛에 맞는 당위성의 집착은 아닐까. 그 허상 속에 자신이 가려진 것은 아닐까. 옛 경전에 '허공 꽃이 어지럽게 춤춘다'는 문장이 있다.

허공 꽃은 실체가 없다.
다만 환상을 아름다운 꽃이라 생각하고 좋아할 뿐이다.

그게 공화空花다.

어느 강연에서 스님이 법설을 하던 도중 질문을 받았다. 남자 대학생이 "스님, 연애를 하는데 어떻게 해야 잘 할 수 있나요"라고 물었다. 순간 청중은 서로를 바라봤다. 스님의 답변이 궁금하기도 했지만, 뜬금없는 질문에 스님이 과연 어떤 반응을 보일까 싶어서였다.

그런데 스님은 눈 하나 까딱 않고 "연애는 말이지, 한과처럼 바삭바삭하게 해야 돼. 추하고 비겁하고 찐득찐득하게 하지 말고. 싫다고 하는데도 찐득찐득 달라붙거나 매달리지 말고, 아니다 싶으면 샤프하게 헤어져!" '샤프'라는 말에 대중은 크게 박수를 쳤다. 과연 연애를 해보고 스님은 저런 말을 하는 걸까, 그냥 짐작으로 하는 말일까. 문득 우리네 삶은 바삭바삭한 걸까, 아니면 찐득찐득한 걸까 궁금해졌다.

청년 시절 원불교에 오기 전 행자 같은 간사 생활을 3년 했다. 그때 수행이 철저하기로 알려진 어른 법사님께 이런저런 말씀을 올리면 "너나 잘해. 그리고 남 탓하지 마"라는 핀잔을 종종 듣곤 했다. 나이 40이 다 돼서도 마찬가지였다. 일이 잘 되었다고 말하면 이내 선배 법사들로부터 호령이 떨어졌다. "잘난 체

하지 마라. 원래 잘난 사람은 나서지 않는 법이다. 못난 놈들이 서성거리고 깝죽대는 거다." 함부로 나서거나 자랑하지 말라는 뜻이었다.

'허튼 짓 하지 마라'는 얘기도 많이 들었다. 그때나 지금이나 선배는 적당히 후배 기죽이는 게 품격이고 멋인가 보다. '전탈전 수全奪全受'라는 옛말이 있다. '온전히 버릴 줄 알아야 온전히 법을 받을 수 있다'는 뜻이다. 이름 없는 풀도 온전히 말라 물기가 하나도 없어야 바람에 자유롭게 흔들리지 않나. 선어록에서 자주 쓰는 '끽다거喫茶去'도 '차나 한 잔 마시고 가라'는 단순한 의미가 아니라 '뜻도 모르는 놈, 저기 가서 차 한 잔 홀짝거리고 사라져'라는 일종의 꾸지람이다.

얼마 전 한 선배는 이렇게 당부했다. "함부로 글 쓰지 마라, 시비에 끌리지 마라. 출가한 교무에게서 교무 냄새가 나지 않으면 왜 출가했는지 스스로에게 물어봐야 한다." 교무 노릇 제대로 하려면 바보 소리 들으며 살아야 한다는 뜻으로 받아들여졌다.

그런 의미에서 9월 법회의 주제도 '계문만 잘 지키면 굶어죽지는 않는다'로 정했다. 첫째 욕하지 말고, 둘째 술 과하게 먹지 말고, 셋째 성질내지 마라. 이것만 잘 지켜도 세상을 살아가는데 소홀함이 없을 듯싶다.

소태산 대종사는 『대종경』 요훈품에 이렇게 썼다. "참 자유는 방종을 절제하는 데에서 오고, 큰 이익은 사욕을 버리는 데에서 오나니, 그러므로 참 자유를 원하는 사람은 먼저 계율을 잘 지키고, 큰 이익을 구하는 사람은 먼저 공심公心을 길러야 하느니라."

나도 후배에게 시 구절 하나 전하고 싶다. 조선 후기의 선승 함월涵月의 글이다.

> 달빛 들어 솔 소리 희고月入松聲白
> 솔잎은 달빛 머금어 차게 젖어 있네松含月色寒.

청바지 뒷주머니의 센스

형식은 청바지 뒷주머니와 같은 거다.
비록 사용하진 않지만 그게 있어 멋지지 않나?

산모퉁이를 돌아서면 여름내 토실토실 컸던 밤과 도토리 등이 가을 이야기를 내려놓고 있다. 올해엔 큰 바람이 휩쓸지 않아 과일도 벼도 뜰 안 가득 햇볕에 풍성하다. 과수원의 사과는 가지가 힘겹게 휘청거린다.

그와 걸맞게 사람 마음도 여유와 넉넉함이 넘쳤으면 좋겠다. 간간이 나는 나 자신에게 물어본다. '마음공부도 헛 공산이었던가.' 남의 마음이 아프면 나도 아파야 하는데 그렇지 못하다. 남들이 즐겁다 해도 그게 왜 즐거운 줄 모르는 시간들이 지나갔다.

요즘 잠이 부족해 약에 의지하는 날이 있다. 숙면도 내 맘대로 되지 않을 때 공허감이 밀려온다. 내가 아는 선배는 눈만 감으면 쉽게 잠이 든다. 그게 당신의 자랑 중 큰 자랑이다. 옆 사람들이 이야기꽃을 피워도 별로 안중에 없다.

잠도 음식처럼 맛있게 또는 은근히 취하는 술처럼 되었으면 참 좋다. 예전 어머니는 잠복도 타고나야 하며 더 좋은 것은 죽음복도 잠 속에 꿈결처럼 가야 한다고 가끔 말씀하셨다.

한번은 선배에게 "도대체 그리 쉽게 잠이 드시는 비결이 뭔가요"라고 물었다. 대답은 단순했다. "첫째, 내일 걱정을 하지 마라. 그게 다 쓸데없는 것이다. 사람들 대부분은 내일, 내년, 노후 걱정으로 근심 떠날 날이 없다. 수도인이라면 잠 하나는 제대로 자야 '수행자'라고 말할 수 있다. 둘째, 가진 것이 많지 않으면 쉽게 잠이 온다. 알고 보면 우린 못 가진 것에 대해 다들 고민한다. 그러니 제대로 잠을 잘 수 없다."

고장 나면 고쳐 쓰는 것이 일상이고, 모자라니 한 뼘 끈을 달아 이어붙이며, 낡고 해지니 수리하는 것은 삶의 겸손에 대한 응답이다. 선배 교무는 묵은 추억담을 꺼냈다. "니네들 청바지 아냐? 살면서 형식을 별로 안 좋게 생각하는 사람이 있는데, 형식은 청바지 뒷주머니와 같은 거다. 비록 사용하진 않지만 그게 있어 멋지지 않냐? 세상 이치도 때론 형식이 내용보다 중요하다."

말씀을 이어 초급 교무 시절, 시주의 은혜를 헛되지 않기 위해 뭐든 절약하려고 머리를 썼는데, 스승의 안부 편지가 오면 그 편지 겉봉을 뒤집어 다시 답신을 보냈다고 했다. 그 일이 소문이 나 '짠돌이' 소릴 듣긴 했지만 오히려 그때가 그립다고 한다.

가을비 추적추적한 날, 시인 한 분이 멀리서 오셨다. 당신의 말씀 중에 우리의 시詩는 두 가지 질긴 근육이 있는데, 하나는 '너무 순수한 척하는 시'이고 또 하나는 '너무 가르치려 하는 교훈적 시'라 했다. 종교도 마찬가지라고 덧붙였다.

어느 날 미국 시인이 찾아와 "산에는 꽃이 피네 꽃이 피네"가 어떻게 시가 되느냐고 진지하게 물었단다. 당연히 산에 꽃이 피는 건데 그게 무슨 시가 되느냐고 하여 함께 웃었다 했다. 그가 가신 뒤, 그의 시집에는 이런 글이 있었다.

'시는 때로 욕망의 무게를 지니지만 구름은 만개한 공허'.

나에게 가끔 질문한다. 정말 순수함이 세상을 온전히 밝히는가. 순수를 추구할수록 오히려 손해 보는 일은 어찌할 것인가. 성직자들이 가장 쉽게 받아들이는 '존경'이란 말도 쉽지 않은 말이다. 존경은 사람 면전에서 하는 말도 아니기 때문이다.

소태산 대종사는 제자들에게 "뿌리 없는 유언流言에 끌리지 말며, 시국에 대한 말을 함부로 하지 말며, 다른 종교나 그 숭배처를 훼방하지 말 것이요, 다만 남의 허물을 잘 덮어주라"고 말씀하셨다. 공허한 시구보다 오히려 간결한 울림이다.

옹기물병 │ 40 * 30 │ watercolor │ 2016

계룡산 남매탑에서

특별한 것을 찾지 마라,
그것이 도道를 방해한다.

학창 시절 이런 노래가 가슴을 설레게 했다. '가을엔 편지를 하겠어요, 누구라도 그대가 되어….' 요즘 이 노래는 전설이나 세월을 이야기하는 한 편의 수채화일 뿐이다.

그만큼 내 영혼의 수채화는 메말라 버린 것일까. 어젯밤에는 문득 '이 가을에 나는 마땅히 편지 쓸 곳이 없구나, 아니 우표 한 장 정답게 부칠 곳이 없구나' 하는 생각을 했다. 수행자는 생각이 화두이며 '바라봄'인데 가을 편지가 나에게는 어쩌면 작은 화두였다. 언제부턴가 '내 삶도 남과 다르지 않구나' 하는 마음이 머물렀고, 그것은 삶에 대한 작은 침묵이었다.

봄꽃이 피면 피는가 보다, 튼실한 여름의 햇볕 아래 열매가 맺으면 또 그런가 보다 했다. 그러다 찬바람 불고 길가에 나뭇잎이 떨어지면 그때서야 하늘을 쳐다보는 일상이 나에게는 1년의 시간을 되짚어보는 '화두 농사'였다. 깨달음 또한 거창한 것이 아니며, 삶에서 밥 먹고 잠자는 것이 오롯하게 이뤄지지 않으면 그것이 무슨 의미가 있는 수행자의 생활이냐고 예전 선배들은 말해 왔다. '특별한 것을 찾지 마라, 그것이 도道를 방해한다'고 말해줬던 금쪽같은 말들은 지금도 나를 겸허하게 만들곤 한다.

엊그제 지인과 함께 가까운 계룡산 남매탑에 올랐다. 가을을 만끽하기 위해 천천히 주변을 둘러보면서 산에 올랐는데, 사흘 전에 비가 온 탓인지 계곡 물소리가 맑고 물그림자도 낙엽을 흩트리기에 딱 좋았다.

사람들은 발밑에 떨어지는 홍엽을 보며 "역시 나무의 아름다운 결정은 가진 것을 내려놓는 낙엽 지는 퍼포먼스가 일품이지"라며 감탄사를 연발했다. 남매탑 언덕의 정상에 올라 김밥을 먹는 와중에 산 넘어 바람이 어디서 몰려왔는지 한 차례 휩쓸고 지나갔다.

그때 겨울눈처럼 낙엽이 김밥에, 모자에, 얼굴에 스치며 황홀하게 떨어져 내렸다. 3년 전에도 올라왔지만, 이런 낙엽 폭풍 현상은 연출되지 않았었기에 더욱 진기했다.

세상의 일들은 있어지고 없어진다. 어쩌면 일어나고 사라지는 것에 대한 인간의 기억이 전부일지도 모른다. 삶의 자취라고 하는 것도 생각해보면 '공수래 공수거'일 뿐인데…. 가진 것 없이 왔다 옷 한 벌 얻어 입었으니 이것이 얼마나 횡재냐 하는 노래도 있지 않던가.

어느 선각자가 깨달음을 얻기 위해 해외 유명한 이를 찾아 갔다고 한다. 그에게 의탁하여 1년이 지났을 즈음, 스승이 조용히 말했다. "이제 자네는 세상으로 다시 내려가게. 더 이상 여기에 머물 필요가 없네." 제자는 의문을 제기했다. "깨달음을 더 갈구해야 저는 내려갈 수 있습니다." 스승의 답변은 이랬다. "너는 세상이 꿈이라는 환상을 보지 않았는가. 그러니 더 이상 무엇을 깨달으리오. 이제 하산하라." 제자는 두말없이 그곳을 떠났다. 세상이 환상이라는 것을 아는 것이 곧 깨달음이란 뜻이었다.

가을 단풍이 대추알처럼 빨갛게 익은 곳에 사람들이 웅성거렸다. "아, 사진 찍자, 맑은 단풍이다"며 말이다. 사람들이 향하는 마음은 항상 두 가지다. 맑은 것, 그리고 가벼운 것. 여기에 하나 덧붙인다면 되돌아 정리된 자신의 삶이다.

산 중턱 남매탑의 모습은 10년 전이나 지금이나 똑같이 그 자리였다. 초심처럼 서 있는 돌의 모습에서 사람들은 느꼈을 것이다. 아름다움이란 변화무쌍한 것이 아니고, 조용히 그리고 무심하게 그 자리에 있는 것임을. 그런 은은함을 스쳐 지나감이 또한 가을의 멋이라고 생각했다.

좋아하는 사람은
즐기는 사람만
못하다고 했지만, 즐기는 자도
마음을 비우는 자만 못하다

내 인생의 배역

우리의 삶이 가장 빛나는 순간은 언제일까.
누군가 말했다. 오늘 우리가 사는 지금이라고.

오늘 길 한 모퉁이에 서 있는 빨간 단풍나무를 봤다. 우산을
들고 한참 서 있는데 마치 그 나무가 나를 기다리듯 붉은 잎새를
내려뜨렸다. 이 비가 그치면 곧 겨울이 찾아오겠지. 며칠 전 달
력을 보니 소설小雪도 지났다.

"나이 먹은 사람들이 꼭 세월 이야기 하더라"는 말을 들은
적이 있다. 세월도 각자의 느낌만큼 상념이 되고 소화되는가 싶
다. 들녘에 나가 보니 어느덧 벼들도 추수해 빈 들만 남아 있다.
농부들은 부지런도 하지…, 혼자 생각의 여백이 크다.

이렇게 비가 오는 날, 후배 어머니가 열반하셨다는 소식에
열 일 제치고 장례식장을 찾았다. 출가해서 경사에는 다소 소홀

했지만 애사는 반드시 마음을 낸다. 그것이 예의이고 삶의 한 부분이기 때문이다.

후배가 쓸쓸할 것 같아 한밤중이었음에도 불구하고 달려갔더니 나와 같은 생각을 했음인지 다른 교무들도 이미 와서 위로를 하고 고인의 살아생전에 대한 담소를 나누고 있었다. 조심스럽게 물었다. 살아생전에 어떻게 모셨을까 궁금해서다. 출가하면서 어머님·아버님이 차례로 편찮으셔서 결국 부모님 모시고 사회복지시설에서 함께 기도생활을 했다고 했다. 그것도 6남매 중 막내가 부모를 끝까지 모시고 출가생활을 했다는 것이 너무도 처연하고 기특하기만 했다.

동기들이 많아 오빠와 동생들은 기독교·천주교·불교 등으로 각각 나뉘어 망자를 애도하고 있었다. 덕분에 4대 종교 신도들이 자연스럽게 모여 비 오는 날 숙연함이 더했다.

돌아가시기 전 후배 어머니는 이렇게 말씀하셨단다. "걱정마라, 내 배 위에다 교도증 꽂고 갈 테니." 그 뜻은 막내가 원하는 원불교식 장례 절차를 바랐다는 것이다. 정성스러운 기도염불, 그리고 청정한 법문에 의지한 마지막 세상길을 원했던 것일까.

홍엽빙설紅葉氷雪이라 붉은 잎새가 눈이나 얼음에 얼어 더 붉거나 안타깝게 보이는 마음이다. 우리의 삶이 가장 빛나는 순간은 언제일까. 누군가 말했다. 오늘 우리가 사는 지금, 누군가는 내일까지만 살고 싶다고 몸부림치다 떠난 그날을 우리가 살고 있다고.

후배가 보내온 한 권의 책에는 자신이 출가해 청춘을 바쳐 모셔 온 큰 스승님의 거룩한 행장이 엮여 있었다. 글 중에 맘에 와닿는 구절은 두 가지였다.

스승님은 아침에는 마음의 때를 벗기는 고요한 선禪이 있어야 원만한 수행력을 갖게 되며, 밤에는 하루 동안 몸과 입과 생각으로 남을 해친 일이 없는지를 반성하는 것만이 영혼을 청정하게 한다는 백척간두 수행력을 실천하셨다고 했다.

스승님이 열반하실 때까지 다섯 가지의 수신은 이렇다.

첫째 크게 안정할 일大安定.
둘째 음식을 존절히 할 일節飮食.
셋째 병과 약을 잊을 일忘病藥.
넷째 보고 듣는 것도 삼가고 적당한 활동을 할 일斷見聞.
다섯째 깊은 생각으로 번뇌를 끌어들이지 말 일勿思慮.

에픽투테스의 말처럼 어쩌면 '인생은 끝없는 배역과 연출의 연속'일지 모른다. 누구는 수행자가 되고 누구는 나라를 지킨다. 누구는 밤새워 연구를 하고, 누구는 그림을 그린다. 또한 누구는 일생을 운둔과 고요로 자신을 지키는 사람이 있다. 배역을 선택하는 일이 우리가 할 수 있는 일이 아니듯, 어느 날 운명처럼 다가온 삶의 순간도 그저 덤덤히 맞이할 뿐이다. 석양의 그림자가 아름다운 것은 그만큼 깊고 아름다웠던 자신의 내면이 비치기 때문이지 않던가.

시간의 나그네

크든 작든 모두가 불꽃같은 삶을 살았고,
떠날 때는 한 줌의 재로 돌아가는 일만큼 무심한 정화가 있으랴.

얼마 전 밥상머리에서 뜬금없이 아내가 말했다. "지금 영자
는 잘 사는지 몰라." 연예인 누군가를 말하는 줄 알았더니 산골
소녀 영자를 이야기하는 거였다. 10여 년 전, TV 모 프로그램에
소녀와 아버지가 산골 오지에서 문명의 혜택 없이 사는 모습을
다큐멘터리로 제작해 방영했다. 방송을 보며 시청자들은 생소하
고, 자신의 일상과 비교했을 듯싶다.

이야기를 꺼낸 안사람은 오늘은 손수건을 준비해야 할 것
같다고 했다. 눈물 좀 흘리는 영화 '님아, 그 강을 건너지 마오'를
예매해 놓았다는 것이었다. 영화를 보고 나온 일요일 오후는 저
녁때까지 눈이 쌓였고, 창밖은 눈시울처럼 흐렸다.

세상 사람들 모두 두 마음을 감추고 사는구나 싶다. 하나는 추억에 매단 아쉬움과 안타까움이요, 또 하나는 현재를 살아가는 흐림과 건조함이다. 류시화 시인의 시 '바람부는 날의 꿈'을 가슴에 쓸어 담아 보았다.

바람 부는 날,

들에 나가 보아라

풀들이 억센 바람에도

쓰러지지 않는 것을 보아라.

풀들이 바람 속에서

넘어지지 않는 것은

서로가 서로의 손을

굳게 잡아주기 때문이다.

쓰러질 만하면

곁의 풀이 또 곁에 풀을,

넘어질 만하면

곁의 풀이 또 곁의 풀을

잡아주고 일으켜 주기 때문이다.

한동안 시를 음미할 때마다 마음은 투명했다. 새벽에 일어나 좌선을 하며 '병이 생기면 병원에서 치료하면 되지만 상처 입은 영혼은 누가 치료할까'라고 되물어 봤다. 이 땅에 이름 없는 시인들이, 마른 들녘에 서성이던 새들처럼 떠돌던 욕심 없는 수행자들이, 또 조용히 등불을 밝히고 삶의 의미를 써내려 가는 작가들이, 외로움과 불안을 함께 기도해주는 사람들이 아닌가 하고 생각했다.

마음의 사념은 연말이 되니 지난 시간의 메아리가 되어 눈처럼 쌓였다. 12월 초, 서울에서 목판화 그림 전시를 마치고 집에 들어 와 한동안 멍하니 있곤 했다. 시계 소리도 정지된 서재에 오랫동안 친구가 되었던 책인 『내 생애 단 한 번』의 저자 장영희 교수가 세상을 떠났을 때가 생각났다.

무소유를 실천했던 수행자가 세상 인연이 다 돼 평소 입던 가사 한 벌로 다비장으로 떠날 때 "스님 불 들어갑니다" 하며 제자가 장작불을 집어넣어 육신의 마지막을 고하고, 이어 한 줌의 재가 되는 모습에서 나의 마음은 가볍고 평온했다.

크든 작든 모두가 불꽃같은 삶을 살았고, 떠날 때는 한 줌의 재로 돌아가는 일만큼 무심한 정화가 있으랴. "우리는 인연을 맺음으로써 도움을 받기도 하지만 그에 못지않게 피해도 많이 당하는데, 대부분의 피해는 진실 없는 사람에게 진실을 쏟아부은 대가로 받는 것"이라는 그분의 말씀은 세속에 남기는 하나의 '게

송揭頌'이었을 것 같다.

　　지금쯤 금강하구둑에 서면 사람 키만큼 큰 갈대들도 흔들리며 잠을 깨고, 눈을 맞으며 참선하고 있다. 마음이 엉켜 앞이 안 보일 때 아무것도 바라지 않는 갈대의 모습을 보라. 세상은 어차피 흔들리며 못난 인연들과 손잡고 사는 거다.

　　빛바랜 달력처럼 살아온 시간의 나그네, 그리고 '님아, 강을 건너지 마오'의 할머니가 "할아버지, 나는 죽어서 저 산 위 높은 데서 꾀꼬리가 되어 훨훨 노래하며 다닐 거야" 하던 말처럼, 그렇게 훌훌 던지며 살아갈지니.

떠날 때는 말없이라지만

공도公道를 위해서라면 죽을 곳이라 해도
가는 것이 순명順命 아니든가.

　　12월이 한 해를 마감한다면 1월은 교무들이 임지에서 떠나
고 들어오는 송별과 이임의 시기다. 인디언들은 1월을 '마음 깊
은 곳에 머무는 달'이란다. 해마다 이때가 되면 인사이동 사령장
을 받아 누구는 부산으로, 누구는 제주도나 강화도로 가는 등 가
방 하나 달랑 들고 정든 임지를 떠난다. 그게 새처럼 둥지를 떠
나는 교무의 삶이요, 교단의 관례다. 가장 멋진 떠남은 노래 가
사처럼 '떠날 때는 말없이'다. 머물던 정情도 놓고 가야 흔적 없
는 삶이지 않겠는가.

　　근 한 달 동안 안부가 없던 동창 교무가 답답한 듯 먼저 전

화를 걸어왔다. 당연히 누구누구는 어디로 발령을 받았다고 하고 거기에 걱정 겸 위로의 소식을 수다 떨 듯 긴 대화로 나누었다. 그런데 통화가 끝날 즈음 이런 말을 했다. "그런데 우리 수도인들은 기본적으로 두 가지는 가지고 있어야 하는데…." 그는 나에게 질문하듯 툭 던졌지만 실은 답을 알고 있는 모양새였다. 그가 말하는 수도인의 기본은 이런 거였다. 첫째는 적어도 종교인의 마음은 알아도 모르는 체 해주어야 한다는 거였고, 다른 하나는 비록 화나는 일이 생기더라도 무심히 참을 줄 알아야 한다는 거였다. 듣고 보니 내 자신도 그런 심법으로 살았는가 되돌아보게 됐다. 혹시 나보고 들으란 얘기?

촉한의 마속이 제갈량에게 한 말 '공심위상 공성위하攻心爲上 攻城爲下'란 구절이 떠올랐다. 사람의 마음을 얻으면 상책이 되고, 비록 높은 성을 정복하더라도 (사람 마음을 얻지 못하면) 그건 하책이 된다고 하지 않았나.

소태산 대종사는 법문에서 "남의 꼴을 잘 보는 사람이 진실로 큰 공부하는 사람이다"고 말씀하셨다. 남 꼴 보기 싫어하는 건 아무나 할 수 있다. 그러나 그 꼴을 보고도 참아주고 기다려주는 것은 부처님 심법 아니면 할 수 없는 수행이다. 선배는 어느 날 이렇게 말했다. 일로 인해 사람이 마음 다쳐서는 안 된다고. 마음이 상해 서로 괴롭다면 그 어떤 잘한 일이라 해도 잘못된 일이라고.

소태산 대종사는 1930년 어느 무더운 여름날 경성(서울)에 불법연구회 지부를 설립하고 몇몇 교도의 헌금으로 작은 법당을 지었다. 대종사는 제자인 경성 지부장에게 "지게로 이 짐을 경성 역까지 옮겨라"고 했다. 그러자 제자는 "제가 지금 집 짓는 일꾼들을 부리는 중이라 체면이 서지 않습니다"라며 거역했다. 대종사는 다른 제자에게 짐을 져 옮긴 후 제자를 다시 불렀다. "이런 작은 짐 하나 옮기는 것도 체면을 차리니 앞으로 수많은 창피한 일이 생기면 어떡하겠는가. 그대는 견딜 수 있겠는가"라고. 제자는 그 자리에서 참회하고 반성했다고 한다. 이후 다른 제자들도 스승님의 말씀을 따랐다고 한다.

이 사건을 '함지사지陷地死地'라 한다. 함지는 지옥이고, 사지는 죽을 곳이다. 공도公道를 위해서라면 죽을 곳이라 해도 가는 것이 순명順命 아니든가. 지금도 이 정신은 도가의 가풍이 되었다.

글을 쓰면서 생각해봤다. 30년 교단 생활을 하며 내게도 떠나고 잊힌 사람이 있는가 하면 다시 만나지 못한 사람, 잊지 못한 사람과 잊지 못할 사람이 있었다. 모두가 은혜로운 시절 인연이었다. 떠나는 교무의 뒷모습에 '아쉽다' '그립다'라는 여운과 향기가 남아 있으면 그는 참 멋진 교무일 것이다.

청자주전자 | 40 * 30 | watercolor | 2015

세상에서 가장 좋은 말, 맑음

생을 종교에 헌신하며 단순하게 사는 사람의 얼굴은 해맑기 그지없다.
정리된 가난함을 스스로 택했기 때문이다.

경남 사천의 이순신 바닷길을 다녀왔다. 나라가 위험에 처
했을 때 이 바다에서 몇 척 안되는 배로 왜군을 막아 지켜냈구나
하는 생각을 했지만, 그때나 지금이나 파도와 물결은 모든 것을
받아들이듯 일렁였다.

바윗길 모퉁이 언덕 위엔 시인 박재삼 선생의 기념관이 기
다리고 있었다. 대학 시절에 그의 시집을 가방에 넣고 다녔는데,
여기서 그를 만날 줄은 꿈에도 생각을 못했다. 반가움에 얼른 기
념전시장에 들러 유리창 불빛을 통해 그의 시 '세상을 몰라 묻노
니'의 일부를 읽어 봤다.

진실로 진실로

세상을 몰라 묻노니,

별을 무슨 모양이라 하겠는가.

또한 사랑을 무슨 형체라 하겠는가.

시인이 30년 전에 쓴 시지만 읽는 이의 마음이 편안하다. 왜 별은 깊은 밤에 반짝이며 자신을 지키고 있을까 하는 생각까지 하게 됐다.

돌아와 서재에 꽂혀 있는 묵은 책들을 정리했다. 비우는 일은 단순하고 맑아야 한다. 이제는 책을 보는 시간보다 사색을 하는 시간이 좋다. 가끔 글을 쓰다 쓸 글이 없을 때, 차를 몰고 어디론지 떠난다. 그건 자연이 말하는 내용을 담기 위해서다.

지금부터 30년 전 이야기다. 동기생 교무가 서울의 모 교당에 처음 발령을 받아 왕초보로 설교를 했다. 법당 맨 뒷줄에는 수행심 깊은 할머니 교도님이 눈을 지그시 감고 설교를 듣고 있었다고 한다. 의기충천한 마음으로 좋은 말만 골라 "깨달음이 무엇이며 이렇게 살아야 한다"고 등에 땀이 나도록 설교를 한 뒤 자기 방으로 갔는데 밖에서 누군가 문을 똑똑 두드렸다. 그 할머니 교도님이 조용히 노크를 했던 것이다.

설교에 대해 잘못된 것을 말해 주러 오신 줄 알고 얼굴이 상기돼 있었는데, 그 할머니 교도님은 빙긋이 웃으며 "오늘 설교 참 좋았어요. 그렇게 하시면 앞으로 큰 법사님 되겠어요"라고 말씀하시곤 총총히 돌아가셨다고 한다. 지금 생각해 보면 정말 부끄러운 헛소리에 불과했지만 그 교도님은 초보 교무의 정성스러운 모습에 기를 살려 주려고 일부러 발걸음을 했을 것이다.

생을 종교에 헌신하며 단순하게 사는 사람의 얼굴은 해맑기 그지없다. 정리된 가난함을 스스로 택했기 때문이다. 또한 그것이 행복이라는 것을 깨달았기 때문이다.

지난해 하동 매화마을에 갔을 때도 섬진강변 매화꽃을 바라보며 비구니 스님 두 분이 정답게 소곤소곤 얘기 나누는 모습이 참 아름답다고 생각했다. 꽃은 피어 있을 때보다 떨어질 때가 더 아름답고, 사람은 머물 때보다 떠날 때가 더 멋있으며, 공부하는 종교인은 무심할 때가 맑고 깊은 법이다.

누군가는 '쉬는 게 깨달음'이라 했지만 마음이 쉬는 일은 어려운 일이다. 그럴 때마다 마음이 쉬지 못하는 것은 '내가 아직 헛살았구나'라고 고백하게 한다. 그것이 공부하는 사람에게는 항상 번뇌이며 쓴 나물 뿌리를 씹듯 괴로운 일이기도 하다.

고백하건데 요즘 녹차를 달여도 맞이할 친구가 없다. 이것이 나에게는 맑은 가난함일지…. 침묵보다 더 좋은 계절이 돌아오고 있다.

습관성 집착

도를 일구는 사람은 그 앉은 자리가 따뜻할 때까지 머물러서는 안 된다.
그러니 죽을 때까지 나그네임을 명심하라.

3월은 추운 겨울 남쪽으로 떠났던 제비가 다시 돌아오는 달. 제비가 처마 밑에 오기 전 서둘러 집안을 깨끗하게 하고 또 뒤란도 대빗자루로 청소하고 대문 앞도 깨끗이 한다.

새봄 인사로 미술관에서 박물관으로 떠나게 돼서, 책상 서랍이며 책꽂이를 분리해서 수거했다. 종이는 종이대로 잡동사니는 그것대로 또 쓸데없이 쌓아놓은 것은 또 허접스러운 대로 다들 갈 길이 있었다. 어느 정도 정리를 하니 기분이 상쾌했다. 선배 말마따나 '나이 40이 되면 스스로 정리'하고 사는 수밖에 없다.

대학시절 모시던 스승이 계셨는데, 한 말씀 한 말씀 들을 때마다 몽골 거친 망아지 같던 내 삶의 모습도 좀 더 성숙해졌다. 스승님께서 어느 늦은 밤 이런 말씀을 하셨다.

"수행자가 집을 나설 때는 반드시 옷장이나 쓰레기통을 다 비우고 책상서랍 볼펜 한 자루도 제자리에 놓고 떠나라. 도道를 일구는 사람은 그 앉은 자리가 따뜻할 때까지 머물러서는 안 된다. 그러니 죽을 때까지 나그네임을 명심하라."

그 말씀을 받들고 새긴 지 어느새 30년이 흘렀다. 무겁고 어설픈 내 삶의 습관도 그 후론 집을 나설 때면 비워놓고 텅 비게 한 후 문을 잠그고 나오는 것으로 바뀌었다. 서랍을 정리하며 느낀 건 '습관성 집착이 무섭구나' 하는 마음이었다.

단 일 년만 무심해도 주변에는 이것저것 발효되지 않은 음식물처럼 물건이 쌓인다. 사기도 하고 얻기도 한 것들이었는데, 지나고 보면 결국 살고 있는 공간이 집착으로 가득한 모양새로 바뀌었을 뿐이다. 정리를 어느 정도 한 후 옆 건물 직원과 차담을 했다. "나이 50이 넘으면 세 개면 두 개로, 두 개면 하나로 줄이는 게 참 좋습니다." 이렇게 말하니 "그러게요, 다 정리할 수는 있는데 죽음에 대한 정리는 잘 안될 것 같습니다"라고 한다. 뜻밖에 도인을 만나 공부하는 순간이었다.

우리에겐 두 종류의 삶이 있다. 끝없이 늘어놓고 자랑하며 사는 것과 끝없이 정리하고 단순하게 사는 삶이다. 흔적 없이 사는 사람은 마음도 가볍고 몸도 가볍다. 마음이 몸을 끌고 다니기 때문에 오늘도 내 영혼은 육신을 아쉽게 끌고 다닌다.

초봄 새싹이 돋기도 전 뒷산 넘어 일주일간 스스로 정진의 결제시간을 가졌다. 교역자 대적공 정진大積功 精進훈련이다. 달이 휘영청 하게 뜬 결제 날, 저녁을 먹고 달빛 속 언덕을 넘어 겨우내 떠나지 못한 낙엽 숲길을 바스락 바스락 걸어 스승님들의 묘지 앞에서 합장을 했다.

달그림자가 앞서고 나는 뒷서 돌아오는 길, 다람쥐도 없는 참나무 쭈뼛 서 있는 오솔길은 꼭 내 자신의 모습 같았다. 도를 일구는 일도 결국은 스스로 정리하며 사는 일이고 생로병사에서 의례처럼 다가오는 죽음도 내가 정리가 된 마음이라야 편안하게 맞을 수 있을 것이다.

올해 나의 다짐은 단 한 가지다. 그동안 신문으로 접했던 국가 대소사의 불편함이나 우리 교단에 대해 분별을 했던 일들, 또 사람들 말을 따라 함께 흉을 보았던 일들의 죄를 어떻게 녹일 수 있을까…. 스스로 내린 처방은 이렇다.

'입으로 공덕을 짓자. 그리고 마음으로 기도하자.'

늘 만나는 사람뿐 아니라 멀리 있는 사람에게도 그렇게 하는 게 그동안 내 입이 지은 죄를 사면하는 길이라 생각했다.

눈을 떴다 감으면 10년씩 흘러가는 찰나의 시간에서 내가 변하지 않으면 결국 허상의 껍질인 채 살 수밖에 없다. 진달래 꽃 피기 전에 내 가슴도 붉게 변하여 이름 없는 산에 피고 싶다.

원삼국토기 | 40 * 30 | watercolor | 2015

네 가슴에 묻은 4월

죽음도 '삶의 한 자락.' 또 "삶이 청정했으면
저 만큼의 저승길도 또한 청정하리라.

언제부터인가 나도 어머니처럼 되어가고 있었다. 살아계실
때 어머니는 "올라? 내가 지금 무엇을 하려고 여기 왔지?"라면
서 부엌에서 음식을 하다 안방으로 건너와 서성거리는 일이 종
종 있었다. 그리고 세월이 흘러 저 세상으로 떠났다. 이정표도
없이 휭 하니 신작로의 먼지처럼. 남자는 눈물 없는 동물이라 했
나. 어머니 생각에 슬픈 땐 그저 먼 하늘이 나의 친구였다.

70년대 후반 집안 형님들은 이민을 떠나는 등 다 흩어졌다.
나만 원불교 교무로 출가해 마을을 지키는 늙은 팽나무가 되었
다. 그러던 어느 날 어머니가 편찮으시다는 전화를 받았다. 어머

니는 병원에 입원해 정확히 한 달 열흘 동안 암 투병을 하다 이 세상을 등졌다. 어머니께서 떠나기 전 남긴 말씀은 "막둥아! 나 죽으면 너 어찌 살래"였다. 그때 난 속으로 피식 웃었다.

당시 병실 벽에는 백두산 천지가 내려 보이는 맑은 기슭에 꽃이 활짝 피어있는 커다란 풍경사진이 붙어 있었다. 날마다 이 사진을 바라보며 희망을 갖고 좋아하던 어머니 모습이 지금도 눈에 선하다.

어느 날 정산 종사는 제자들에게 이렇게 법문을 하셨다. "항상 마음에 사가 없어야 하고 또 청정해야 한다. 그래야 마음도 깨끗해지고 업장도 사라진다." 죽음도 '삶의 한 자락.' 또 "삶이 청정했으면 저 만큼의 저승길도 또한 청정하리라." 스승님 말씀처럼 하루하루 오염되지 않는 영혼으로 풋풋하게 살아야 한다.

어머니가 돌아가신 뒤 누나는 "동생! 자네는 어찌 그리 싸가지가 없냐. 엄마 돌아가시고 눈물 한 방울 흘리지 않다니"라며 섭섭해 했다. 하지만 그때나 지금이나 난 어떤 상황이 닥쳐도 눈물이 나지 않는다. 그런데 이상하게 영화를 볼 때는 가끔 주체못할 정도로 손수건을 찾을 때가 있다. 나의 이중성이 어디서부터 출발했는지는 나도 모른다. 사는 것은 자기만의 여행이고 아득한 길이다. 먼지 나는 비포장도로라 해도 그곳에는 아침 이슬에 젖은 포플러 나무의 산뜻함이 있고, 아스팔트 곧은길을 가더라도 단조로움과 권태가 함께한다.

주변에 책임을 맡고 권한을 가진 사람들의 모습을 가끔 본다. 그때 나는 감사하게 생각한다. 나 대신 저 골치 아픈 책임을 맡았으니 무조건 감사할 뿐이다. 수도인의 의자는 다 썩은 나무 의자나 진배없고, 벼슬이라고 해야 닭 벼슬에 불과해 항상 경계할 일이 그런 일이다.

허공하고 맞닿을 한라산 오름에 올랐다. 산언덕은 푸근한 어머니의 가슴을 닮았지만 돌무덤 주변에 핀 수선화 몇 송이는 바람에 흔들렸고 초록 꽃대는 마음을 열게 했다. 아름다운 꽃은 그만큼 감성을 새롭게 살아나게 한다.

당나라 시인 우무릉于武陵은 "꽃이 필 때는 비바람이 많고 인생이 풍족해지면 주변사람과 이별도 겪게 된다花發多風雨 人生足別離"라고 했다. 유명해지고 권세가 있을수록 가깝던 사람이 멀어져 스스로 외로워진다는 말이다.

얼마 전 수채화를 그리며 깨달은 게 있다. 연필 스케치가 정확하지 않으면 '미적인 조화'와 '내용의 정밀함', '색감의 로맨스'가 사라진다는 것이다. 혹시 우리 삶도 때로 스케치가 잘 안 된 그림은 아닐까.

20년 전 어머니는 나와 함께 병원으로 향하며 "몸이 아무래도 이상하다. 다시 못 들어올 수 있으니 신발이나 가지런히 놓고 가자"라고 했다. 어머니는 결국 집에 돌아오지 못하고 병원에서 임종을 맞게 되었다. 그해, 묘지 근처에 흩날리던 산벚나무 꽃잎처럼 내 가슴을 적신 적막함이 4월을 간직하고 있다.

어느 선배의 속세 체험기

수행한다는 것은 내가 세상에 앞선다는 것이 아니고
오히려 세상의 가장 뒤에 사는 일인지도 모른다.

곡우와 입하가 지나면 무슨 절기가 다가올까. 산과 들에 꽃
이 떨어지면 정원에 핀 작약이 개미를 불러 모은다. 떫은 차茶라
도 벗과 마주앉으면 그 향이 더욱 감미롭다. 차 맛이 그리워 남
도 차를 구입해 몇 잔을 다렸다. 5월은 행사가 많다. 축제도 여
기저기 피어난다. 비가 오는 지난 곡우穀雨에 몇몇 선배와 점심
을 했다.

그날 가장 재미난 건 선배 교무가 휴식년도에 택시 운전기
사를 했다는 이야기였다. 대개 휴식년도에는 몸을 추스르거나
휴식을 취하려고 멀리 오지여행을 떠나 자기 자신을 되돌아보는
시간을 갖는다. 그런데 이 선배는 세상 사람들이 무엇을 고뇌하

며 살고 있는지, 그리고 그들이 복잡하고 불편하다고 말하는 부대낌의 사바세계에서 어떻게 살고 있는지를 스스로 체험하기 위해 택시 운전기사를 택했다고 말했다.

한번은 술 취한 택시 승객이 자기 집에 도착해서는 돈 가지고 나올 테니 기다리라고 했지만 막상 30분을 기다려도 나타나지 않아 그냥 온 적이 있다고 했다. 또 어느 때는 운 좋게도 한 여스님이 버스터미널에서부터 자기 절까지 가서 같이 차를 한 잔 하자고 하기도 했단다. 시간 나면 또 오라고 대접을 톡톡히 하면서 말이다.

궂은 일 기쁜 일 와중에 가장 힘들었던 일은 일심으로 택시를 운전하는 일이었다고 한다. 또 그 '일심'하는 일보다 더 힘든 건 날마다 회사에 사납금 채워 넣을 걱정이었다고 했다. 날은 더운데 하루 종일 손님을 쫓아다녀도 일당을 못 채웠을 때, 다급하게 친구 교무에게 전화해 같이 택시 타고 경치 좋은 데 다니며 택시요금을 친구 교무에게 내게 하는 억지도 종종 부렸다고 했다. 한편으로 미안했지만 어쩌면 둘 모두에게 힐링이 되는 시간인 동시에 드라이브 재미도 쏠쏠하게 느낀 소중한 시간이 아니었나 싶다고 회상했다.

수행한다는 것은, 그리고 '도가 생활'을 한다는 것은 내가 세상에 앞선다는 것이 아니고 오히려 세상의 가장 뒤에 사는 일인지도 모른다. 모든 스토리는 동전의 앞뒤와 같은 속성이 있어서 앞면의 이야기 뒤에는 그 사람이 실제 말하는 것과는 또 다른 이야기가 있다는 것을 알게 된다.

연꽃이 아무리 좋은 향기를 내는 화려한 꽃이라 해도 보이지 않는 진흙이 뿌리를 받쳐주지 않으면 그 아름다움과 향기를 만들어 낼 수 없듯이 말이다. 버거운 일이나 어이없는 일을 겪을 때, 병고에 시달릴 때, 우리는 절대적인 그 무언가의 힘에 의지하고 기도하며 고통을 헤쳐 나가고자 한다. 고통을 겪지 않고 생각으로만 타인을 동정하는 게 얼마나 무성의하며 가벼운지를 스스로 깨달으면서 말이다.

소태산 대종사 법문은 항상 가슴으로 전해져 오는 깊은 향기가 있다.

"선善을 행하고도 스스로 덮어두어야 그 덕이 훈훈한 향기가 되어 사람 가슴에 꽃을 피우고, 악은 힘들어도 그 뿌리를 건져내야 온당한 근심이 소멸되리라."

이 말씀은 우리가 어두운 방에 켜 놓은 작은 불빛의 고적한 맑음처럼 밝다.

외국에서 손님이 와서 송홧가루 날리는 충주호를 배 타고 휑하니 돌아보는 봄나들이를 했다. 봄비가 모이고 나무뿌리들이 내뱉은 물이라 그런지 맑은 물이 소나무 그늘사이로 흘렀다. 조선조 최경창은 '백운동'이란 시에서 이렇게 말했다.

백운동 계곡을 찾아갔더니 行尋白雲洞
골짝 비고 시내는 잔잔하구나 洞虛溪潺潺
흰 구름 아침에 나가더니만 白雲朝出去
저녁인데 여전히 안 돌아온다 日夕猶未還

흐러가는 시냇물에 하루해를 다 흘려보내도록 백운동의 흰 구름 돌아올 생각을 않네. 내 마음을 더욱 맑게 해주는 시다.

무심에 이르는 길

좋아하는 사람은 즐기는 사람만 못하다고 했지만,
즐기는 자도 마음을 비우는 자만 못하다.

어릴 적 어머니는 '이 풍진세상을 만났으니 너의 희망이 무엇이냐'로 시작하는 노래를 가끔 부르셨다. 1920년대 유행했다는 '희망가'라는 제목으로 알려진 노래다. 원곡은 미국의 작곡가 제레미아 잉갈스(Jeremiah Ingalls)의 찬송가 'When we arrive at home'인데, 풍진 세상에서 우리말로 부르던 노래답게 가사만큼은 구구절절하다.

사실 어릴 땐 '풍진세상'이니, '부귀영화'니 하는 말도 어려웠고 당연히 노래의 의미를 몰랐다. 그러면서도 어머니의 노래를 따라 덩달아 흥얼거리곤 했다. 어머니가 돌아가신 후에는 잊고 있던 것을 다시 찾아봤다. '희망가'는 이렇게 노래한다.

'이 풍진 세상을 만났으니 너의 희망이 무엇이냐 / 부귀와 영화를 누렸으면 희망이 족할까 / 푸른 하늘 밝은 달 아래 곰곰이 생각하니 / 세상만사가 춘몽 중에 또다시 꿈같도다./ 담소화락談笑和樂에 엄벙덤벙 주색잡기에 침몰하여 / 세상만사를 잊었으면 희망이 족할까….'

잘 먹고 잘 살겠다고 억척스러운 이들에게 노래는 묻고 답한다. 부귀영화를 누리면 희망이 족하겠느냐고. 달밤에 생각해보면 그런 것들은 일장춘몽에 지나지 않는다고 말이다.

초여름인지 한여름인지 분간할 수 없이 후덥지근했던 날, 가까운 친척 한 분이 저 세상으로 떠났다. 젊은 시절부터 그의 모습과 생활을 훤히 알고 있다. 시골에서 아등바등하며 열심히 살았다. 몇 년 전부터 얼굴색이 조금씩 검어지더니 눈빛도 노랗게 변했다. 술 때문이었다. 만날 때마다 "술 좀 그만 먹어. 그렇지 않고는 희망이 없네"라고 말해줬다. 그러면 느릿한 충청도 억양의 말이 되돌아왔다. "형님 걱정 말아요, 괜찮아요." 주고받은 인사가 엊그제 같은데, 그가 한 줌의 재로 변했다. '무모한 사람 같으니라고, 자식새끼 넷이나 남겨두고 저리 좋다 가버리다니.' 납골당에서 돌아오는 길, 중얼거리면서도 한편으론 그에게 술은

낭만이고 잠깐이나마 기댈 수 있는 희망이 아니었나 싶다.

'떠났다'거나 '돌아갔다'는 말을 언젠가부터 되새기게 된다. 죽음을 태어나기 전 있던 곳으로 되돌아가는 것으로 여겨 이곳을 떠나, 돌아갔다고 하는 것일 터다. 인간 삶이라는 것이 커다란 주기週期에 속해 돌고 도는 것에 불과한 것은 아닐까. 그렇다면 걱정 말라고, 괜찮다던 그 역시 마음을 훌훌 털고 자신이 온 곳으로 돌아간 것일까.

『논어論語』에서 '호지자 불여락지자好之者 不如樂之者' 즉, 좋아하는 사람은 즐기는 사람만 못하다고 했지만, 그를 보자니 '낙지자 불여무심자樂之者 不如無心者' 즉, 즐기는 자도 마음을 비우는 자만 못하다는 말을 쓰고 싶다.

'문사간 무사전文死諫 武死戰'이라는 말이 있다. 문신은 윗사람에게 잘못을 고치라고 간언하다 삶을 마감해야 하고, 군인은 전쟁터에서 죽어야 한다더니 이 양반은 '주사락酒死樂'이다. 술을 즐기다가 떠나갔으니 말이다.

'희망가'의 가사대로 부귀영화는 일장춘몽과 같고, 세상의 일들은 쉽게 잊히거나 지워지지 않는다. 마음을 비워내는 무심無心에 이른다면 그제야 희망이 족하지 않을까.

옹기주전자 | 40 * 30 | watercolor | 2015

7월 몽심재에서

곳곳이 부처 아님이 없으며
일마다 부처님의 공양이 아님이 없다.

고요히 앉아 본 뒤에야
평상시의 마음이 경박했음을
침묵을 지킨 뒤에야
지난날의 언어가 소란스러웠음을

누군가 좋은 글을 보내왔다.

미루나무가 훤칠한 7월, 하얀 감자 꽃이 활짝 필 즈음에 한
줄기 빗방울이 떨어진다. 며칠이고 마음이 공허했다. 가끔 그림
을 그리지만 그것도 마음이 평온할 때나 하는 일이다. 붓질도 부
산하거나 혼탁한 마음으로는 별 의미가 없다. 이런 때엔 평소 뵙

고 싶은 분이나 가고 싶었던 장소를 찾아간다.

지리산 아래 남원 호곡리에 있는 '몽심재夢心齋'라는 조선 후기 고택을 찾았다. 친한 선배 교무가 건강상 휴양하고 계신 곳이다. 공기는 맑고 청정하고, 고즈넉해서 쉬는 데 더 없이 좋다. 그곳은 원불교 대종사님께 신의를 바치고 세수 101세까지 사셨던 상산 박장식 종사의 집이기도 했으며, 원불교 박청수 교무의 출가지出家地이기도 했다.

기와집 마당 끝 연못에선 수련이 피어 물그림자를 드리운다. 주변 소나무와 대나무들도 그 연못과 노닐고 싶은 듯 바람따라 흔들린다. 편안해진 마음 저편으로 소태산 대종사의 말씀이 들리는 듯하다.

"수행자들이여! 소나무의 청량한 그늘과 담쟁이 넝쿨이 달빛을 감싸는 고즈넉한 곳에 머물며 수행한다고 폼만 잡지 말고 세속 사람과 함께 부처님 말씀을 전하는 수행자가 되라."

'받들어 모시는 마음供心'과 '대중과 함께하는 마음公心'으로 세상을 편안케 하는 교무가 되라는 말씀이다. 원불교 교당이 도심에 지어진 데엔 그런 깊은 뜻이 있다.

동행한 선배가 50년 전 예화를 들려줬다. 남원교당에 새로 온 예비 교무가 일을 크게 잘못하여 도무지 용서할 수가 없었단다. 여성인 선진 교무는 너무 화가 나 회초리로 종아리를 치면서 "너는 공부할 그릇이 못 되니 당장 보따리 싸서 너의 집으로 가거라"고 하였다. 늦은 밤, 교무의 방문을 노크하며 그가 나타났다.

"왜 왔느냐? 이제 보따리 싸서 가려고 왔지?"

"아니요. 너무 아파서 약 좀 발라주시라고 왔어요."

예비교무가 눈물을 흘리더란다. 순간 선진 교무도 왈칵 눈물이 나서 서로 붙잡고 한참을 울었다고 했다. 지금은 두 분 모두 교화를 열심히 하시다 열반하셨다. 그런 이야기를 들으며 지리산 호곡재를 넘어 언덕에 오르니 연푸른 대나무 밭이 펼쳐졌다. "인적도 없는 이 언덕에 갑자기 웬 대나무 이리 싱싱합니까?" 여쭈니 그곳이 바로 그 예비 교무가 태어난 집터라 했다. 세월이 흘러 집은 허물어지고 대나무만 무성하게 남았다는 것이다.

큰 스승 밑에 훌륭한 제자가 생기는 법. 그는 교무가 되었고 명필로도 유명했다. '곳곳이 부처 아님이 없으며 일마다 부처님의 공양이 아님이 없다處處佛像 事事佛供'는 글로 사람들에게 교화를 하셨다.

근래 박인환의 노래 '사랑은 가고 옛날은 남는 것'이 가슴에 머문다. 인간은 누구나 함께 어울려 살지만 마음은 혼자다. 『논어』 위정편에 '군자는 두루 어울리되 사사롭게 무리 짓지 않으

며, 소인은 사사롭게 무리 짓지만 두루 어울리지 못한다君子周而
不比 小人比而不周'는 말이 위로가 될까, 까칠한 반성이 될까. 요즘
나를 두고 하는 말 같다. 사람 만나는 일도, 어울리는 일도 번다
하게 느껴지니 영락없는 산속 암자의 수행자 같다.

무욕의 땅, 시베리아의 가르침

여행은 외로움의 경험이지만
지워지지 않는 거울 같은 또 다른 무대였다.

누가 그랬던가. 여행이란 '눈 감은 시간의 파노라마 같은 것'
이라고. 한 여름의 시베리아 여행은 끝없는 지평선을 바라보며
시작되었다. "이걸 보려고 몇 날 며칠을 고민하였던가?" 할 만큼
하늘의 구름, 자작나무의 무심함, 그리고 작은 오솔길과 사람이
사는 작은 집 한두 채 보이는 것이 유일한 풍경이었다.

일제 강점기 시절, 우리 동포가 추운 겨울 목적지도 알 수
없는 곳으로 강제 이주를 떠났던 길이 이 막막하고 머나먼 철로
였다. 이 철로를 건설한 수많은 사람들의 노고도 짐작을 하고도
남는다.

어쩌면 이렇게 비이성적인 일을 할 수 있었을까 하는 마음
을 한켠에 둔 채, 횡단열차 안에서 일출과 일몰을 겪는 먹먹함으
로 블라디보스토크에서의 여행 첫 날을 맞이했다.

지구 동쪽에서 서쪽으로 하염없이 달리는 철도를 타고 며칠을 흘려보낸 후에야 한 번도 터널을 지나지 않았다는 것을 깨달았다. 산도, 언덕도 없는 '무용의 땅' 시베리아를 밤새워 달려왔구나 싶었다.

러시아의 문호 톨스토이는 "작은 변화가 일어날 때 진정한 삶을 살게 된다"라고 말했다. 창가에 스치는 벌판에 피어난 노란 풀꽃이 마치 나를 마중 나온 듯한 착각이 들었고, 쉼 없는 열차의 흔들림과 소음이 내 삶의 것인 양 느껴졌다.

달리는 기차의 움직임이 흔들리다 제자리로 돌아오는 수행자의 일상처럼 느껴진 것이다.

이르쿠츠크에 내려 햄버거를 사 먹고 자동차로 끝없는 들판을 5시간 넘게 달렸다. 청록색 물결이 일렁이는 맑고 깊은, 지구의 진주라는 바이칼 호수가 나타났다. 어둠에 물든 저 공허한 땅과 물에 발을 디딘 것이 하나의 사건으로 여겨질 정도로 호수는 한없이 깊고 투명한 생명의 근원이었다. 다시 여행할 기회가 생긴다면 이곳에 셋방이라도 구해 머물다가야 하지 않을까 생각이 들었다. 그곳의 비포장 흙길과 아이들의 초롱초롱한 눈망울은 사진으로 남겼다.

붉은 광장의 백야에서, 상트페테르부르크 강변을 산책하며 보았던 황금빛 야경에서, 여행이란 외로움과 고독의 경험이 아닐까 하는 생각이 들었다. 다녀오니 누군가 이런 메시지를 보냈다. "스치면 인연, 스며들면 사랑!"

되돌아와 스승님께 여행 이야기를 해 드렸다. 여행은 외로움의 경험이지만 지워지지 않는 거울 같은 또 다른 무대였다고 말씀드렸다. 그리고 스승님께 여쭈었다. "근심이란 무얼 뜻하는 겁니까?" 가만히 나의 눈을 바라보시더니 답하셨다. "근심이란 스치는 상황을 근심이라 이름한 것일 뿐이네." 되물었다. "그렇다면 행복도 그러한 건가요?" "그렇지 행복이라는 말도 알고 보면 스스로 지어 붙인 그냥 이름일 뿐이지, 그 밖에 찾을 것이 없네."

러시아 여행에서 순수한 사람들을 만났을 때가 가장 깊은 인상으로 남았다. 간이역에 열차가 쉴 때마다 역 근처의 마을 할머니들이 직접 가꾼 사과를 담아 100~200루블에 팔았다. 그 얼굴이 지금도 떠오른다.

겨울마을 | 30 * 40 | watercolor | 2015

마음을 비우는 비책

마음은 마음일 뿐 비워지지 않는 것이
원래 그 자리 심성이다.

삶의 모서리에서 마음을 다치고
길거리에 나서면
고향 장거리 길로
소 팔고 돌아오듯
뒷모습이 허전한 사람들과
국수가 먹고 싶다

세상은 큰 잔칫집 같아도
어느 곳에선가
늘 울고 싶은 사람들이 있어

마을의 문들은 닫히고
어둠이 허기 같은 저녁
눈물자국 때문에
속이 훤히 들여다보이는 사람들과
따뜻한 국수가 먹고 싶다

이상국 시인의 '국수가 먹고 싶다'의 일부분이다.

명절을 앞두고 요양원에 계신 어머님을 찾아뵈었다. 그즈음 요양원 주변의 들녘에선 벼메뚜기가 팔월 한가위 잔치하러 이리 저리 뛰고 있었다. 긴 병에 효자가 없다지만 아직까지는 어른을 섬기며 함께하는 명절이 있어 가을빛 해질녘이 풍요로웠다.

며칠 후 마음도 몸도 비울 겸 위와 장 내시경 검사를 했다. 밤새 속을 비우고 비워 병원에서 검사를 마치고 나니 '마음 비우기보다 속 비우기가 더 쉽구나'는 것을 깨닫게 됐다. 마음을 비우기 위해 산을 오르는 사람도 강으로 가는 사람도 있지만, 마음은 마음일 뿐 비워지지 않는 것이 원래 그 자리 심성이다. 누구나 생각해 본 것이겠지만, 타고난 심성은 어떻게든 쉽게 변하는 것이 아니다.

"갓난아기 때 잘 우는 아이가 커서는 까칠하고 건강도 안 좋더라. 잘 먹고 잘 자고 건강한 아이는 커서도 속 썩이는 일이 없다"던 예전 어머니의 말씀처럼 말이다.

마음을 비우는 비책, 단 하나는 매사에 '그럴 수도 있지'라고 세상사 변화와 파도에 좀더 무심해지는 것이다. 황토 흙물처럼 마음이 무심하면 스스로 고요하고 맑아진다. 가을 산 계곡 물에 낙엽이 흘러가지만 속이 보일 정도로 맑고 차갑다.

스승님이 열반하시기 전 마지막으로 남긴 당부의 말씀이 생각난다. "어떻게 살아가야 큰 도를 일구겠나이까?" 하고 여쭈었다. "음… 착하게만 살면 된다." 단 한 마디 답이었다. 혼자 빛나는 보석처럼 죽음에 가서도 짧고 간결한 말이 더 여운이 남는다. 착하게 산다는 것은 양심을 속이지 않음이다.

인간이 태어나면 세 번 껍질을 벗어야 한다. 첫 번째는 어머니 뱃속에서 무탈하게 잘 나오는 일이다. 세상을 만났으니 그 아니 기쁠 수 있는가. 두 번째는 속물의 세상에서 양파 껍질을 벗듯 본인의 양심의 껍질을 벗어야 한다. 나이 50이 되어도 습관과 욕심을 못 버리는 사람들이 많다. 양심은 내 삶의 푸른 대나무 지팡이이고 먼 길을 나서는 데 필요한 나침판이기도 하다. 나머지 하나는 천지조화와 하나가 되는 내 영혼의 깨우침이다.

누군가 말했다. 머리는 말하기를 좋아하고 가슴은 침묵하기를 좋아하며, 머리는 받기를 좋아하고 가슴은 주기를 좋아한다.

또한 머리는 거창하기를 좋아하고 가슴은 사소한 일을 좋아한다는 말이 오늘 나에겐 가을바람 같은 영혼의 메모다.

　그대 마음에 섭섭함이 있는가. 그것은 머리와 가슴이 따로 놀기 때문이다. 어떤 일에서 '내 마음의 섭섭함'이 일어나지 않게 스스로 맑히는 일이 더 가슴을 가볍게 하는 일이다. 요즘 나는 이 '섭섭함'만 잡으면 된다는 것을 깨달았다. 기대하지 마라. 그리고 실망하지 마라. 삶은 오직 가을 마른 풀잎에 스치는 바람과 같다.

마음농사 끝난 이 가을에

세상에는 마음을 함께한다는 것처럼
아름다운 향기는 없다.

　　세속을 떠난 수행자들은 추석이나 설 명절이 되면 새벽법당
을 나서며 고향에 계신 부모님께 또는 고향의 선조 산소 쪽을 향
해 두 손 합장하며 조용히 망배望拜를 한다. 거룩하신 스승님이
계실 때, 가지 못하고 인사라도 할라치면 그것이 바로 망배가 되
며 고개를 깊게 숙여 '함께하지 못해 죄송합니다'라는 뜻도 있다.
'망배'는 갈 수 없는 먼 곳의 그쪽을 향해 두 손을 합장하고 머리
숙여 절을 올리는 걸 말한다. 때로 먼 길을 갈 때 인사를 드릴 수
없을 때는 망배로 마음을 달랜다.
　　세상에는 마음을 함께한다는 것처럼 아름다운 향기는 없다.
두려움과 괴로움 또는 슬픔도 함께 마음을 나눌 때, 서로 의지하

고 세상을 살아가는 의미를 느끼기 때문이다.

이번 추석엔 이민가신 미국 큰 형님이 30년 만에 오셔서 돌아가신 부모님께 과일 상을 차리고 인사를 올렸다. 귀소본능처럼 나이 70이 넘으면서 형님이 한해가 멀다하고 미국에서 한국으로 왔다 갔다 하신다. 세 살 때 아버님 돌아가시고 어머님이 4형제를 기르시다 큰형은 미국으로 이민을 가셨고, 어머니마저 20년 전에 돌아가시고 남은 형제들도 함께 늙어가며 서로 얼굴에 주름살을 헤아려보기도 하였다.

내 책장 옆에 석지현 스님의 선시 한 구절을 걸어놓았다.

늙어가면서 꿈은 놀라 자주 깨이나니
등잔불 깜박이며 한 밤이 지나가네
베개를 매만지며 듣는 파초우芭蕉雨여
이때의 심정을 뉘와 더불어 말하리.

큰형님이 가을 산세 풍경을 구경삼아 다니다가 늦은 밤 대전 우리집에 오셨다. 붉은 홍시를 드렸더니 갑자기 형님은 눈시울을 적셨다. 어머니 살아계실 때 효도 못하고 감 한 접을 제대로 사드리지 못해 항상 죄송해서 미국에서도 마음껏 감 하나를 사먹지 못했다는 자책에 목까지 메이는지 홍시를 입에 대는 둥

마는 둥 하셨다. 형의 그 눈빛을 보니 괜히 나까지 뭉클했다.

지난 여름 만났을 때는 부모님 살아계실 때 고생담이 정답게 들렸지만 형님은 멀리서 효도를 못했다면서 말씀마다 가슴에 어머니를 묻고 계셨다. '못 다한 효성'이라는 말은 요즘 검정 고무신 보기 보다 더 힘든 말이 되었다.

한 번은 모임에서 누가 말했다. "아무리 음식이 맛있다고 해도 옛날 어릴 때 어머니가 끓여주신 김치찌개 맛이 나지 않아. 그리고 된장국, 아욱국도 그 맛을 내는 사람이 없어." 고향도 잊지 못하지만 어릴 적 입맛도 잊지 못하는 것이 '맛의 귀소본능증'일거라 짐작해 본다.

내가 모시는 스승님은 항상 "세상에 뭐니 뭐니 큰소리 쳐도 효도하자고 부르짖는 사람들이 없으니 동양의 문화가 깨졌다" 하며 걱정을 한다.

교무로 살아오며 습관처럼 굳어진 성격은 정情을 붙이지 않는 것, 때로 냉정하고, 때로 무심하기까지 하여 주변 사람들은 나를 '고집 센 중(?)'으로 폄하하기도 한다. 고백하건데, 나도 때로는 담백하기도 하고 정도 있고 또 되돌아서 부족했던 마음을 참회한 적이 한두 번이 아니다. 공자님이 하루에 세 번 자신을 되돌아 살핀다 했지만 어찌 보면 나는 일생을 그렇게 하고 살아

왔던 게 아닌가 싶다.

벌써 단풍이 붉고, 자고나면 서리가 내리는 가을 들녘이 텅비어 간다. 내 마음도 그렇게 또 한해 마음농사가 빈 들녘이 되어 가슴에도 고즈넉하게 서리가 내린다.

상처를 낫게 하는 법

상처 난 나뭇잎은 누가 위로해 주나?
상처 덜 난 나뭇잎이 그 나뭇잎을 위로해주면….

얼마 전에 머리를 빡빡 깎은 그가 나를 찾아왔다. 예전 모습
과 전혀 다른 모습이었기에 웃음으로 먼저 인사를 나눴다. "그동
안 어떻게 지내셨어요." 반가운 마음과 궁금함이 앞섰다.

그분을 만난 지 어언 3~4년 된다. 처음 만났을 때 미술과
미학에 대해 대충 이야기를 하는 중이었는데 그분이 수첩에 받
아 적는 것이었다. "아니, 그냥 농담인데 그렇게 적으시는가요"
하며 말렸지만 '처음 듣는 말'이라며 적기만 했다.

그렇게 긴 여름이 지났고 3개월 째 아무 소식이 없었다. 전
화를 해도 받지 않았다. 그러다 불쑥 찾아온 거다. "근데 어쩌다
스님이 되셨나요?" 내가 농을 던지니 겸연쩍은 표정으로 그가

답했다. "사실은, 제 아내가 유방암에 걸렸어요. 나이 예순이 넘었는데 무슨 유방암이냐고 못 미더워 검사를 했는데, 큰 병원에서도 암이니 알아서 하라고 해서 이 병원 저 병원 다녔습니다." 그 사이에 그의 얼굴이 까칠하게 말랐다는 것을 알게 되었다. 무슨 말로 위로를 해야 하나…. 커피를 마시며 침묵이 흘렀고 그의 삶을 가만히 짐작해봤다.

그가 경영하던 기업은 외환위기 때 넘어갔다. 잘 치던 골프도 그만두고 50대 후반에 한국화를 전공하겠다며 지방에 있는 우리 대학에 왔다. 그 나이라면 취미 생활로 평생교육원에서 해도 되는데, 왜 대학에서 20대 학생들 틈에 끼어 공부를 할까. 교수들도 의아해했지만 그는 학부를 마치고 박사 과정까지 이르렀다. 그래서 "박사를 해서 어따 써먹을 거요"라고 물었다. 그는 이렇게 답했다. "그냥 하는 거지요. 선생님 뵈러 오는 것이지, 그렇지 않으면 박사는 뭐 하려 하겠어요." 이렇게 나를 따르던 사람이 갑자기 스님처럼 하고 나타나 마음이 더욱 아팠다.

지난 5월 내 방을 찾았을 땐 이런 대화를 나눴다. "강원도 정선에 다녀왔습니다. 혼자서." "뭐 하러 갔는데요." "그냥 쑥 캐러 갔지요." 서울 청량리에서 기차를 타고 강원도 정선 읍내에서 마을버스를 타고 한 시간 정도 깊은 산골 마을로 들어갔다고 했다.

한참을 걷다가 볏짚 다발이 있는 처마 밑에 앉아 들고 간 김밥을 먹고 있는데, 한 할아버지가 기침하며 나오시더니 "당신 어디 사는 누구요?"라고 묻더란다. 그래서 "그냥 집도 절도 없이 떠돌아다니는 사람입니다"라고 했단다. 할아버지는 "이리 와서 묵은 김치에 점심이나 먹읍시다"라고 하더란다. 점심을 얻어먹고 혼자 사는 할아버지에게 "무엇이 먹고 싶으세요" 하니 국수를 사다 마을 노인들하고 나눠먹고 싶다고 해서 이웃에 혼자 사는 노인 다섯 분을 모시고 함께 국수를 끓여먹고 왔다는 것이다.

그의 이야기를 듣던 내가 말했다. "나랑 같이 그 마을에 갑시다. 다시 국수 끓여서 같이 먹으면 안 될까요?" 가을이 되면 그리 하자고 하던 그였다. 암이 걸린 아내는 아무리 잘해줘도 "당신 그 정도 밖에 못 하냐"고 남편에게만 짜증이라고 했다. 그는 "나도 살기가 싫을 만큼 괴로웠다"고 하소연을 했다.

곰곰이 생각해 봤다. 한평생 인연이 되어 살다 한 사람이 먼저 아프면 나머지 사람은 마음이 아프게 된다. 몸과 마음이 하나인 두 사람은 서로 도와 상처를 낮게 하려는 마음을 가져야 한다는 생각을 갖게 되었다.

누군가 물었다. "상처 난 나뭇잎이 있는데 그 상처 난 나뭇잎을 누가 위로해 주면 되나요?" 방법은 하나다. 상처 덜 난 나뭇잎이 그 나뭇잎을 위로해주면 된다.

섬진강 | 30 * 40 | watercolor | 2015

절망 속에서 찾은 희망

절망의 상태까지 도달해야
새로움을 만나게 된다.

마음이 텅 빈 날은 저녁에 조용히 촛불을 켜고 향을 피운다. 내가 어떻게 살아 왔는가? 또는 문득 일어났다 사라지는 번뇌와 망상은 환상인가 하는 생각의 엉킴을 무심히 바라본다. 투명이라는 말과 양심이라는 말을 좋아했지만 요즘은 '내면의 거울'이란 말을 좋아한다.

어느 날 전화 한 통을 받았다. "우리 회장님께서 정 교무님의 글을 보시고 꼭 한 번 만나 뵙고 싶어 합니다." 그렇게 해서 일정을 잡고 며칠 후 그 회장님과 점심식사를 했다. 그후 지난 초겨울 비오는 인사동에서 열린 조촐한 나의 목판화 전시장 입구에 화분을 살짝 놓고 가셨다. 무려 열 살 차이의 인생선배이신 그분은 어딜 봐도 겸양하고 편안하신 큰형님이셨다.

그 뒤로 하루도 빠짐없이 아침에 좋은 글을 한 편씩 SNS로 보내주셨다. 그때마다 수채화 그림 단상 등을 감사의 답신으로 보냈다. 그런데 엊그제는 어쩐 일로 밤 11시 넘어 장문의 문자를 보내셨다.

어떤 신부님이 성당에서 '죽음체험명상'을 하였단다. 나무 관을 놓고 평소 살아온 자신에 대한 지난 시간을 생각한 다음, 한 사람씩 그 나무 관에 들어가면, 관이 '쾅' 하고 닫히고 곧이어 열쇠를 철커덕 채우는 소리가 들린다는 것이다. 빛 한줄기 없는 그 사각의 좁은 공간에 잠시 들어가 누워 있으면 심장이 멎듯 마음도 멈추고 그렇게 10여 분을 있다보면 '내가 그동안 뭐하고 살았는가?'라는 반성이 저절로 된다는 특이한 체험의 내용이었다. 어떤 사람들은 담담하게 견디고, 어떤 사람들은 답답하다며 빨리 열어달라고 재촉한단다.

그날, 그 글을 읽고 신선한 충격을 받았다. 다음날 아파트 경비실 주변에서 박스 몇 개를 구하고 좀 부족해 주변 마트 창고에서 몇 개를 더 얻어와 늦은 저녁 내가 들어갈 길이와 넓이를 재며 한 시간 넘게 공을 들여 관柩을 만들었다. 빛이 전혀 스며들지 않게 검정 테이프로 붙이고 또 붙여 완성했다.

비록 일생에 집 한 채는 짓지 못했지만 내가 죽을 때 들어갈 '종이상자 관'을 완성하니 감회가 새롭고 이마에 땀이 흘렀다. 문득 관을 만들면서 몇 년 전 법정스님의 다비식이 생각났다. 열반하자 세상을 끌고 다니던 육신을 평소 입던 가사장삼으로 덮어 다비장으로 안치한 뒤 화염속의 불쏘시개가 되는 순간이 떠올랐다. 이미 예감된 일이었지만 "인연이 되어 에너지로 왔다, 그 에너지가 다시 인연되어 흔적 없이 사라지는구나" 하는 공허감이 밀려왔다. 어느새 내 나이도 겨울바람 속 무심히 서있는 호숫가 나목처럼 오십 후반에 접어들었다. 내가 만든 이 종이상자 관에 내가 들어갈 시간을 헤아릴 줄 어찌 생각이나 했을까.

밤이 깊어 그 관속에 조용히 들어가 뚜껑을 닫았다. 어둠…. 두 뼘 반의 좁은 이곳이 내 인생의 마지막 공간이었던가. 지금까지 살아온 나는 어디서 왔다 어디로 가는 한 물건인가. 과연 그 물건이 숨을 거둘 때 썩고 흩어지면 다시 자연으로 변하는가를 혼자 생각했다. 그날 밤 내 삶의 가장 진솔한 면을 발견하였다.

옛 스님들의 말에 '백척간두 진일보'라 하여 더 이상 갈 수 없고 풀리지 않는 번뇌의 끝자락에서 한 발 나서는 것이 참으로 어렵다고 했다. 다시 말해 앞이 절망의 상태까지 도달해야 새로움을 만나게 된다는 뜻이었다. 이를 사자성어로 '절처봉생 絕處逢

生'이라고도 한다.

　한 해가 어찌 간 줄 모르고 지나갔다. 끝자락이 되면 다시 새로움을 만나리라. 세상일도 그만큼 끝 모를 번뇌와 불편한 것들이 있었을 것이다.

내 삶이 죽음과 연결되어
있다는 것만 느껴도
열반과 해탈을 공부하는
기도인 것이다

조촐한 겨울 여행

삶의 가장 멋진 맛은 떠날 때의 멋과
자랑하지 않음이 몸에 밴 '여백'이 아닐까.

언젠가 책을 읽다 이런 구절을 발견했다.

'매력을 느낀다는 것은 이유 없이 끌리는 것이다.'

모처럼 시간을 내 서울에 올라갔다. 그간 한번은 가야지 했던 강남 한복판의 봉은사. 추사 김정희가 돌아가시던 해인 1856년 마지막 붓을 잡아 썼다는 판전板殿의 현판을 보기 위해서였다. 해가 뉘엿뉘엿 넘어가는 겨울 오후 지하철을 내려, 봉은사에 들어가는 입구에서 몇몇 불자님들에게 판전이 있는 곳이 어디냐고 물었다.

그런데 이상하게도 사람들이 고개만 가로저었다. 그럴 리가 없다고 생각하며 다시 젊은 사람에게 물으니 그는 손사래를 치며 한국 사람이 아니라 모른다고 했다. 중국인 관광객들이 한국의 절집까지 몰려든 것이리라. 그렇거니 하며 더듬더듬 한참을 헤맨 후에 '판전板殿'이라 쓰인 현판이 걸려있는 절집 앞에 섰다.

역사의 시간이 흐른 자취, 한 사람의 마지막 필력이 멈춘 곳에 서 있으니 순간 경건함을 넘어 뜻 모를 전율이 느껴졌다.

조선 후기에 선비로서 또는 한 사람의 인간으로서 국가 대사에 바른 말을 하다 밀리고 쫓겨 유배를 당했던 그였다. 현판 속 글씨는 나이 듦에 글 자랑 또는 인생 자랑도 할 것 없음을 그대로 보여주는 필체였다. 불교의 초의선사와 친구를 맺어 그에게 글을 보낸 한 편의 글은 '차나 잘 마시고 있게나 爐香室' 하는 여유였다.

호사스런 서평가들은 판전의 추사 글씨를 담백하다거나 또는 마지막 대미를 장식한 서체 미학의 감흥이 고스란히 배어있다는 등 향기로운 말들을 하지만 난 '그냥 그렇구나' 하는 정직함과 고뇌하는 인간적 겸양을 느꼈다.

삶의 가장 멋진 맛은 떠날 때의 멋과 자랑하지 않음이 몸에 밴 '여백'이라 생각된다. 어찌 보면 우리 삶의 여백은 적당히 비어있는 마음의 충만함이기 때문이다.

판전 문을 열어보고 싶어 문고리를 만지작거리니 '일정시간 아니면 문을 열 수 없다'는 짧은 글이 내 앞을 가로막고 있었다.

사찰을 나오며 서점에 들러 주인에게 물었다. "판전에는 뭐가 있습니까?" "그곳은 화엄경 경판이 가득 들어 있는 곳입니다." 부처님의 가르침을 목판에 찍어 스님이고 신도이고 간에 널리 부처의 법을 전하고자 했던 300년 전의 일들이 상상이 되었다.

문득 한 구절이 떠올랐다. '일락서산 월출동日落西山 月出東'이라. 해가 서산에 지지만 영원히 지는 것이 아니며, 지는 해 안타깝지만 어느새 달은 동쪽 산언덕에 맑게 비추고 있네. 하나의 산을 넘으면 반드시 또 하나의 산이 있듯, 또 어둠이 깊어지면 새벽이 밝아오듯, 끝 간 데에서 새 희망이 보이는 것은 우리가 살아온 인생이라는 스케치나 연극 대본의 그림자와 비슷하기 때문이다.

요즘 내가 절대 절명의 판국에서 요행히 살 길이 생긴다는 뜻의 '절처봉생絶處逢生'이라는 화두를 가슴에 간직하고 있는 이유는 흔해 빠진 희망이란 말보다는 끝이 보이는 곳에서 시작되는 새로움 때문이다.

앞서간 사람들이나 그 뒤로 따라가는 자신이나 그리고 뒤로 따라오는 사람들에게도 삶은 정직한 길로 정해진 고속도로가 아니라 다만, 현재의 모습에서 경험하며 사는 진실함과 마주선 나날들이다.

가만히 눈을 감기만 해도 기도

내 삶이 죽음과 연결되어 있다는 것만 느껴도
열반과 해탈을 공부하는 기도인 것이다.

새해 들어 갑자기 무문관無門關에 들어온 수행자처럼 아무 할 말이 없어졌다. 세상일이나 내 일이나 대단하게 보이지 않으니 그게 정상인지 비정상인지 모를 정도로 적당히 가라앉은 황톳물 같은 느낌이었다.

한 달에 한 번 모이는 마음공부에 가서도 할 말이 없어지고 또 내가 한 말이 입만 나불거리고 속이 없는 소리로만 자책하곤 했다. 지도하시는 노장 스승님은 이렇게 말씀하셨다.
"우리가 뭐든 생각하고 그 생각을 정리하려 하고 또 잘되었는지 안 되었는지 따지는 그런 생각 탓에 하루 종일 머리가 아프다. 모든 생각으로 만든 것들은 어떤 경험 하나로도 바꿀 수 없는 텅 빈 망상 포댓자루가 될 수밖에 없다. 내 마음이니 네 마음이니 하는 것들도, 긍정이니 부정이니, 착하니 악하니, 그럴 수 없니 있니, 또는 의리가 있니 정의가 없니 하는 말들도 모두 번뇌일 뿐이다."

그래서 우리 자신이 가진 애착하는 물건도 필요한 사람이 가져갈 수도 있고 나는 이 정도 사용했으니 당신이 더 필요한 것 같아 줄 수도 있고 또 정리를 할 수 있지만, 진즉 내 마음정리는 쉽게 되지 않는다. 잠 못 드는 사람들을 보면 잠을 못자는 것이 아니고 스스로 잠보다 생각을 좋아하는 중독증에 젖어 든 것이다.

그에 대한 해답은 다만 경험되는 것뿐이고 경험이 끝났으면 그것으로 사라지도록 해야 한다. 또 다른 비슷한 경험이 생길 때 마음이 연결돼 나타나는 현상을 살아야 고통과 괴로움, 그리고 과거와 미래에 내가 끌려 다니지 않는다. 그러니 우리가 지난 것에 대해 평가하고 그것에 대해서 시비하고 후회하고 반성하는 것도 알고 보면 쓸데없는 일을 스스로 만들어 번뇌에 헤매는 것이 된다는 것을 말씀하셨다.

다시 말해 황톳물이 흐려 있으면 '그렇구나'라고 알아차리면 되는 것이지, 이 흙탕물이 왜 흐려있을까, 누가 그랬는가, 틀림없이 누가 이렇게 휘졌고 갔을 거야라며 별의별 생각을 한다. 그

야말로 고달픈 생각을 우린 마음이라 한다.

　설 명절을 지나고 법회에 참석했다. 후배 교무는 법문 중에 좋은 기도문이라며 이문재님의 '오래된 기도'를 읽어 주었다.

　　가만히 눈을 감기만 해도 기도하는 것이다.
　　말없이 누군가 이름을 부르기만 해도 기도하는 것이다.
　　먼 길을 가다 잠시 멈추어 있어도 기도를 하는 것이다.
　　촛불 하나만 밝혀 놓아도 기도하는 것이다.
　　노을 질 때 걸음을 멈추기만 해도 기도하는 것이다.

　나는 여기에 한 구절을 덧붙였다. '내 삶이 죽음과 연결되어 있다는 것만 느껴도 열반과 해탈을 공부하는 기도인 것이다.'

　법회가 파하고 길을 걸으며 생각해봤다. 나는 어떤 기도를 하며 이 봄을 맞이할까. 마음을 떠났던 그 사람을 생각만 해도 그 영혼이 행복해질 거야 하는 기도가 되고, 지나온 삶의 헛발질을 생각만 해도 유치하고 철없음을 치유하는 기도가 되며, 강가를 거닐며 가까운 사람에게 상처를 주었던 일들을 생각하면 그것은 강물에 떠내려 보내 다시는 오지 않게 하는 기도가 될 것이다. 내 삶에 기도의 가격이 없다. 스스로 자신이 누린 어설펐던 시간만이 기도처럼 맑게 서성인다.

남촌에 남풍불면

머무는 곳이 어디든
사람의 향기와 꽃을 피우라.

'봄이 오니 꽃이 피는 것이 아니고 꽃이 피니 봄이 온다.'

삼월 초순 청록색 쪽빛바다가 여울지는 남해 바닷가 근처에 망운산 수광암을 찾았다. 대숲이 맑고 푸른 것을 보니 스님들이 공부를 잘하는가 싶다. 옛말에 '그 절 스님들이 공부를 잘하는가를 보려면 주변에 소나무를 보면 안다'고 했다. 소나무가 쭉쭉 뻗어 있으면 공부를 잘하는 것이라는 말들이 전해진다.

1000일 기도를 한다는 소식을 전해 들었지만, 정초의 좋은 날에 장醬을 담근다기에 봄맞이할 겸 찾아 갔다. 한겨울의 동백은 어느새 제자리를 물려받은 2월 매화가 까칠한 향기를 품고 있었다. 속살을 보여주는 붉은 매화는 가슴을 반쯤 열어젖힌 모습이라 보는 이로 하여금 부끄럽기까지 하게 한다. 아침에 그곳을 가기위해 출발을 서둘렀지만 점심이 훨씬 넘어 도착했다. 스님은 그때까지 우릴 기다리고 있었다.

　　스님은 선배 스님에게 배운 장 담그기 비법을 신도들과 함께 하며 고전의 문헌까지 찾아가며 알아낸 우리 몸에 최고 좋은 된장과 간장은 한약재와 마늘, 죽염 등을 섞어 메주를 넣는 비법이었다.

　　가곡 '남촌'에서도 4월이면 진달래 향기, 밀 익는 5월에는 보리 내음새를 노래했던 것처럼 삶은 자신의 사는 모습에서 꽃을 피운다. 장 담그기 시연을 마친 스님은 약속이나 한 듯, 옆 동네 하동의 비구니 스님 암자로 놀러가자고 제안을 했다. 다들 하루 놀기를 즐겨하는 얼굴에 미소를 띠며 드디어 우린 섬진강의 물그림자를 따라 하동 쌍계산 인근 지리산 골짜기를 돌아 작고 아담한 황토흙집 절 미서암에 도착했다. 그곳에도 매화꽃이 담벼락에 의지해 햇볕을 쬐고 있다 우릴 반겼다.

　　박경리의 '토지 문학관'이 큰 논밭 건너편에 있다는 그 마을을 돌아오는 산모퉁이에 있는 암자는 정갈하고 단아했다. 스님이 따라주는 차를 마시고 또 마시고, 그러다 흥이 났던지 마을거사님까지 어느새 12명으로 대중이 늘어났고, 돌아가며 차 마시고 노래를 불렀다. 비구니 스님은 선방에서 기도하며 불렀다는 시낭송을 우린 '모두가 사랑하는 사람들'이란 해바라기의 노래를 불렀고, 남자 스님은 '강물에 흘러가는 강물을 보라 아이야' 하는 노래를 불렀다.

내 차례가 되어 답가로 부른 노래는 가곡 남촌. '산 너머 남촌에는 누가 살기에 해마다 봄바람이 남으로 오네.' 이 노래는 음률이 흔들렸다. 마치 열여덟 살의 청년처럼, 가슴 가득히 분위기에 취했기 때문이다. 매화꽃 반개한 날 초저녁, 지리산자락 산동네에서 보낸 어른들의 봄 소풍은 밤이 돼서야 서로 인사를 나누며 헤어졌다.

헤어짐은 만남을 기약하듯, 봄의 손님과 주인은 이래서 좋다. 많이 듣던 옛말에 '수처작주隨處作主'라는 말이 있는데. 머무는 곳이 어디든 사람의 향기와 꽃을 피우라는 화두이다. 꽃향기 길을 메우는 봄철에는 어디든 떠나라. 사람이 그리운 사람들은 겨울을 강물에 띄워 보낸 봄꽃이 마중하리라.

청자 줄무늬주병 | 40 * 30 | watercolor | 2015

조팝나무 꽃피는 계절

어디에 살건 그 사람이 주인공이 되라.
그런데 주인공이 돼서 뭐 하려고 하는가.

봄이 되어 고속도로를 달렸다. 올해는 유난히 조팝나무가
아름다웠다. 하얀 꽃이 바람에 흔들리는 모습은 마치 손사래 치
는 것과 같다.

봄에 몇 가지 전시를 준비하고 진행했다. 미술관의 전시는
작가의 성향에 달려있다. 그가 무얼 표현하려고 하는 것에 대한
정확하고 멋진 보여줌이 관객들에게는 기쁨이 되고 설렘이 된다.

요즘 갑자기 식욕이 떨어지더니 또 몸살기와 변비가 연일
찾아왔다. 약도 먹고 병원도 찾아갔지만 별반 고만고만 속효는
보지 못했다. 세상에 살면서 건강이 무슨 뜻인지는 몸이 아파야
알게 된다. 그래서 아픔도 경험이 있어야 진솔하다는 것이다.

얼마전 나는 어떤 수행자와 밤늦도록 전화를 한다. 삶의 화두와 철학 그리고 살아온 이야기와 건강 등 그가 겪은 이야기와 적당히 나의 경험을 주거니 받거니 했다. 그의 결론은 이러했다. 인간이란 근본적으로 무엇인가. 자기 육체를 끌고 다니다 버리는 일이 인간의 일이고 작업이다. 그러니 그것을 끌고 다니는 동안 나는 어떻게 살고 있는가. 또는 왜 이렇게 끌고 다니며 사는가에 대한 해답이 분명하면 고통스러울 것도 없고 불평할 것도 없다는 것이다. 그런 육체를 가지고 명예니 권력이니 또는 권위니 학문적인 지식을 가지고 다니는 사람이니 등등으로 평가하고 불린다. 하지만 그것 말고는 뭐가 다른 것이 있을까라는 것이다.

어디에 살건 그 사람이 주인공이 되라는 말은 어찌 보면 우습기 짝이 없다. 주인공이 돼서 뭐 하려고 하는가. 결국 그것은 세속에서 '나'라는 존재성의 확인이다. 수행자들은 항상 '나'라는 것이 없는 겸허함이 있다. 그것이 몸에 체득되었을 때 세상에서 그의 모습을 흠모한다.

예전에 내가 잘 알던 화가는 이렇게 말했다. "세상에서 가장 무서운 말이 뭔지 알아? 그건 존경한다는 말이야. 존경한다는 말에 속아 스스로 자기 자신을 얼마나 괴롭히고 사는지 모르지." 그 말이 20년이 지난 지금도 나에겐 잊히지 않는다. 다시 말하자면 존경 받으려고 사람이 굳어버려 자신의 본래 성품마저도 존경이란 모습으로 바꾸는 작업을 한다는 것이다. 우치愚癡하다.

국회의원 선거가 있었다. 나는 그날 뉴스도 안 보고 또 선거 결과에 대해 알고 싶지도 않았다. 진실로 권력을 소화하지 못하고 백성과 함께 눈물을 흘리지 않는다면 그것은 권력을 소화 못한 변비증상과 뭐가 다를건가. 이 대단한 육체를 끌고 다니는 하루하루가 알고 보면 대단한 일이지만 한편으로 생각해보면 그저 그럴 뿐이다.

봄이 되니 강가의 버드나무가 좋다. 그게 좋은 이유는 바람에 흔들리고 자기 자신도 춤을 출 수 있기 때문이다. 능수야, 버들아, 흥했던 옛적의 이야기들은 오늘 나의 맑은 가슴에 흘러가는 바람이나 구름이 되어 세상의 흐름을 바라본다. 꽃이 세상을 아름답게 보여준다면 버드나무는 마음의 흔들림을 바라보게 하기 때문이다.

만리장성 | 40 * 50 | watercolor | 2015

5월의 향기

욕망과 꿈의 실현이 환상이라는 것을 알 때
참된 깨달음도 병행된다.

    누군가 이렇게 말을 했다. 세상에서 가장 인간에게 편한 계절이 5월과 6월이란다. 왜냐고 물었더니 다른 달은 자연들이 거두고 피우고 또는 움츠리고 하는 계절이지만 5월과 6월은 사람에게 온전히 맡기는 계절의 중심이란다. 그래서 이 계절에는 인간들이 뭘 해도 기쁨과 축제를 누리고 몸과 마음을 편히 할 수 있단다.

    5월의 원불교는 소태산 대종사의 깨달음 100년을 맞이해 거룩한 기념식을 거행했다. 보통의 사람들은 10년의 정성을 들이면 못할 일이 없다 하지만 한 세기의 정성을 담아 함께한 모습은 새로운 세상에 새 마음으로 다가선 마음으로 다지는 거룩함이 깃들어 있었다.

　이달 중순 부처님 오신 날, 경상도의 한 암자에서 스님이 법문을 해달라는 연락이 왔다. 약속 날을 잡아 아침 일찍 법복을 챙겨 입고 지리산 굽이굽이 산길을 돌아 다다른 곳에는 마음이 맑은 불자님들이 나를 기다리고 있었다.

　불전에서 먼저 고마운 마음으로 인사를 했다. "나를 초청해 주신 스님께는 고마운 일이나 그보다 더 고마운 것은 그렇게 하도록 허락해 주신 법당에, 부처님에게 더 감사의 말씀을 올린다"고 묵례를 올렸다. 그 말에 대중들은 큰 박수를 쳤다.

　어떤 일이든 내가 했니 또는 당신이 했니 하기 전에 그 일이 하게 된 하늘의 기운과 성인聖人들의 혜명이 있다는 것을 말씀 드렸다.

　그날 법회의 법문에선 이런 내용을 전했다.

　"부처님의 탄생과 열반은 인간에게 자연스럽게 보여준 한 장면의 파노라마이다. 고통에서 벗어나는 일은 모두 마음먹기 달렸다는 『금강경』의 일체유심조一切唯心造에 근거하기 때문이다. 인생에서 생·로·병·사는 자연이 준 아름다운 선물이다. 그러나 태어나면서부터 우리가 배우는 것은 욕망과 헛된 꿈일 뿐이다. 그러한 욕망과 꿈들이 나이가 들어 죽음에 이를 때 환상인 줄 알게 되며, 그러한 번뇌와 욕망에 얼마나 우리 스스로를 피로

케 했는가. 또 육체는 얼마나 병들고 지쳤는가에 대한 하늘의 선물이 즉 '열반(죽음)'이라는 것이다. 이것을 자연이 받아들여 육체가 지수화풍으로 떠나고, 영혼은 하늘이 준 선물의 길을 따라 떠나는 또 하나의 여행길을 가게 된다. 그때 우리는 청정한 한마음이 최고의 길이 된다."

들녘에 나온 쑥 한 줌도 또는 울타리에 서성이는 두릅나무의 잎새도 모두가 생·로·병·사를 거치지만 그저 무심할 뿐 두렵거나 고통스러워하지 않는데, 오직 생각이 많은 사람들만이 고통스러워하는 것은 욕망과 꿈의 실현 때문이 아닐까. 이러한 꿈이 환상이라는 것을 알 때 참된 깨달음도 병행된다고 거듭 말씀 드렸다. 인사를 하고 돌아올 때 스님이 따라 나오시며 부처님 전에 올렸던 아름다운 꽃바구니를 손에 들려주었다. 당신의 말씀이 꽃처럼 향기롭다는 뜻으로 받아들이면서 갈 때 흔적이 없듯 올 때 또한 흔적 없이 돌아왔다.

지금쯤 지리산 섬진강가에 산들바람 불고 은빛 찬란한 버들피리 소리 들려올 때면 우리네 삶도 더욱 아름다워지겠지.

백제 굽다리토기 │ 50 * 40 │ watercolor │ 2015

봉숭아 꽃 계절

용서는 서로의 가슴을 열어 놓음이 되고,
희망은 사람에게 심는 나무와 같다.

6월 장마가 오락가락한다. 하늘을 보면 검은 구름과 흰 구름이 서로 번갈아 먼 산과 들녘을 넘나든다. 그럴 때마다 검은 구름은 비가 곧 다가올 것이요, 흰 구름은 비가 올 일이 없다는 뜻을 예측케 한다. 언젠가 스승은 내게 이렇게 말했다.

"인간들이 온갖 지식을 알고 있어도 우주 자연의 이치를 아는 것에 비하면 굴러다니는 호박덩이만 못하다."

호박은 꽃도 크지만 큰 만큼 열매도 커서 누렇게 익은 호박을 요리하면 온 식구가 배를 불릴 지경이다. 찹쌀과 팥을 약간 넣고 또 설탕을 조금 넣은 후에 서서히 끓이면 정말 맛있는 먹을거리가 된다.

어릴 때 해질녘 들일과 밭일을 마치고 돌아오시는 아버지의 지게 속에 늙은 호박 하나를 올려 집에 오시곤 했다. 그때 아버지가 내려놓으신 호박은 우리 배고픈 4남매의 간식거리로 만들어지곤 했다. 그렇게 옹기종기 욕심 없이 사시던 아버지는 내가 초등학교에 들어가기 전 돌아가셨다. 아버지가 돌아가시자 우리 집은 적막하고 조용했다.

초등학교 5학년이던 누나는 장독 뒤에 핀 봉숭아꽃을 따서 돌에 짓이겨 내 손톱에 올려놓고 비닐로 단단히 싸매고 몇 시간을 기다려 붉은 물을 들여 주었다. 그때 물들인 봉숭아 꽃잎의 색깔이 나올 때까지 기다림의 여유가 정다웠다. 누나가 기다리라고 하면 그것은 명령이고 교육이고 지금 생각하면 질서의 법이었다.

오늘 비가 오락가락하는데 박물관 뒤 돌탑과 돌절구가 있는 주변에 봉숭아꽃들이 활짝 피었다. 봉숭아꽃은 모두 붉은 줄 알았는데 뜻밖에도 흰 꽃도, 분홍 꽃도, 또 아주 붉은 꽃도 옹기종기 핀다는 것을 알게 되었다.

어릴 때 불렀던 "울밑에선 봉숭아야" 했던 노래의 꽃말을 찾아보니 '매력, 유혹, 용서, 희망'이란다. 소박한 꽃처럼 보았는데 그 내용을 보니 인간의 희로애락이 숨어 있다. 매력은 인간이라면 누구나 갖고 싶은 마음이고, 유혹은 서로 끌어당기는 기쁨의 힘이며, 용서는 서로의 가슴을 열어 놓음이 되고, 희망은 사람에게 심는 나무와 같다. 생각해 보니 그것 말고도 아름다움과 순수함도 함께 있는 꽃이 봉숭아임을 알게 됐다. 그래서 그런지 어느 작가는 이렇게 말했다. 자연의 소리가 음악이 되었고, 꽃과 나무와 강을 바라보는 마음이 미술이 되었다고 했다.

며칠 있으면 돌아가신 아버지의 기일이 다가온다. 아버지는 세상을 아름답게 물들이는 봉숭아꽃처럼 살다가 가셨는가, 아니면 적막하고 조용한 삶을 살다 가셨는가….

삼족토기 접시 | 40 * 50 | watercolor | 2015

마음의 스승

살면서 복잡한 일일수록 빠른 결정 또는
단순하게 처리하는 게 좋을 때가 많다.

　　7월의 맑음은 붓꽃이다. 붓꽃은 다만 자랑하지 않는 꽃이
다. 산책길 조그만 연못, 붓꽃이 아침바람에 찰랑이는 모습은 내
가 살아있음을 느끼게 한다.

　　대개의 사람이 사는 모습은 두 부류로 나눠지는데 재산과
명예를 중요하게 생각하는 사람이 있는가 하면 건강과 청정함을
유지하려고 하는 별종의 사람이 있다. 대부분의 수행자들은 후
자를 택하는 경우가 많다. 그들이 혹여 방심하여 돈과 명예를 탐
닉하게 되면 세상 사람들의 빈축을 사게 된다. '빈축'이란 말은
얼굴을 찡그린다는 어원에서 출발했다고 하지만 어디 살다보면
찡그릴 일이 한두 가진가.

물에는 근원이 있고 마음에는 뿌리가 있듯, 언젠가부터 내게는 '마음의 스승'으로 모시는 세 분이 있다. 그러나 그분들은 내가 그의 제자인 줄 모른다. 어떤 일을 할 때는 혹시 우리 스승이었다면 이 일을 어떻게 처리하실까' 하는 생각을 하며 스스로 멈칫할 때가 많다. 그것은 바로 스승과 나와의 보이지 않는 교감의 연결고리 때문이다. 마음의 스승은 찾아뵙지 않아도 그분을 생각하며 나의 행동이나 마음을 바라보는 삶의 지평이다.

한 분은 부드러우면서 날렵한 표범 같다. 그래서 어떤 일이 생기면 조용히 결정을 한다. 한 분은 평범한 농부 같으면서도 전혀 표현이 없다. 그 분은 "세상에 드러나지 마라. 그저 평범하게 사는 게 도인이다"라며 질문을 하면 확연하게 답을 주신다. 나머지 한 분은 "있는 그대로 보라. 그렇지 않으면 모든 일과 번뇌에 끌려 다니는 것이다"라며 맑게 정진을 하신다.

살면서 복잡한 일일수록 빠른 결정 또는 단순하게 처리하는 게 좋을 때가 많다. 세상 사람들의 의견이 분분할 때는 표현을 안 하고 모른 척 하는 스승의 모습이 낫고, 내가 어디에 편협한 고정관념이 있어 고집을 피울 때는 "그대로만 보라"고 하신 스승을 마음에 생각하게 된다. 표범처럼 적극적이며 내면이 부드러운 스승은 나에게 '진종위귀眞從爲貴'를 알려주시고, 비가 오면 꽹

이를 들고 밭으로 나가시는 농부 같은 스승은 '거탁유청去濁留淸'을 알려주신다. 생각을 하지 말고 현재 그 모습만 보라는 스승은 '즉심시불卽心是佛'을 알려주셨다.

'진종위귀'란 참으로 함께 하면 다시 말해서 진리와 번뇌가 없는 한마음을 따르게 되면 그 사람이 수행자로서 귀한 보배 거울이 될 것이다. '거탁유청'이란 혼탁함을 가까이 하지 않고 스스로 맑음을 유지하려는 사람은 청정한 수행자의 본래면목을 지키게 된다는 뜻이다. '즉심시불'은 모두가 곳곳이 부처 아님이 없다는 글귀다.

오늘 아침 누군가 이런 메시지를 보내왔다.

세상에 살면서 두 귀로 들었다고 해서 말할 것이 못되고
두 눈으로 본 일이라 해서 다 말할 것이 또한 못 된다.
그것은 오직 수행자로서 궁색하게 되는 것임을 알라….

제주도 풍경 | 40 * 50 | watercolor | 2015

무더운 날의 독서

아무리 지식이 넘치고 저장됐다고 해도
기본에 충실한 삶이 어쩌면 가장 행복한 삶이 아닐까

    몇 년 전 8월말, 퇴근 무렵에 학교 건물 옆 사무실에서 화재가 발생했다. 연기로 시작된 불길은 조금 타고 꺼질 것 같았는데, 결국 내 서재까지 모두 태웠다. 그 일로 조금씩 아껴서 모아둔 책들은 거의 소실됐다. 불탄 다음날 잿더미 속에 타다 남은 책들을 보며 이런 것을 '황당하다고 하는 구나' 하는 속상한 마음이 일어났다. 그 뒤 고전이든 뭐든 책은 일절 구입하지 않았다.

    가끔 필요한 책을 찾으려면 그때의 책 생각이 났고 아쉬움이 일었다. 그때마다 대학 도서관에 운동 삼아 가서 책을 빌려오는 일이 자연스러워졌다. 빌린 책을 보니 문득 퇴계 선생이 죽을 때까지 『소학』을 놓지 않고 실천을 했다는 글에 머물렀다. 동방의 성현이라 일컫던 분도 사실은 가장 어린아이가 본다는 소학책을 옆에 놓고 실천하기에 바빴다는 내용이었다. 작가는 이렇게 글을 이어갔다.

　　퇴계는 자리에 앉을 때 벽에 기대지 않고 하루 종일 단정히 했다. 짚신에 대나무 지팡이를 짚었으며 음식을 먹을 때는 수저 소리를 내지 않았다. 반찬은 끼니마다 세 가지를 넘지 않았고, 가끔 가지와 무와 미역만으로 찬을 삼을 때도 있었다. 제자들을 '너'라고 부르지 않았으며, 제자가 자리에 앉으면 반드시 그 부모의 안부부터 물었다. 아무리 춥고 어두운 밤이라도 요강을 쓰지 않고 반드시 밖에 나가 소변을 보았으며 제삿날에는 고기나 술을 들지 않았다.

　　퇴계 나이 70이 되어 병이 깊어졌고 그가 세상을 떠나던 날 저녁엔 눈이 내렸다. 제자들을 시켜 평소 아끼던 매화나무에 물을 주게 하고 임종자리를 정돈시킨 다음 몸을 일으켜 달라고 제자들에게 명하여 정좌를 하고 세상을 떠났다. 퇴계 선생이 시냇가에 배움터를 마련하고 시를 한 수 지었다.

　　시냇가에 비로소 살 곳을 마련하니
　　흐르는 물에서 날로 새롭게 반성함이 있으리.

20년만의 무더위라는 말이 그렇듯 밤마다 열대야에 시달린 올해 나는 뜬금없이 『소학』을 빌려 한 줄 한 줄 줄치며 읽어 내렸다. 인생의 기본이 가장 하찮은 초동들이 읽은 책에 다 있었다. 아무리 지식이 넘치고 저장됐다고 해도 기본에 충실한 삶이 어쩌면 가장 행복한 삶이 아닐까. 이번 여름은 정말 '집밖 십 리를 넘지 않으리라' 하고 두문분출하며 밖에 나가질 않았다. 그리 가고 싶은 곳도 없고 또한 오라는 사람도 없으며 만나고 싶은 사람도 보고 싶은 사람도 없다는 것이 내 삶의 즐거움이 된 듯하다.

　　이제 풀냄새가 향기로워진다는 입추가 지났다. 여름은 여름답게 더우니 좋고, 가을의 바람은 밤마다 조금씩 방안으로 스며드니 좋다. 매미가 우는 날도 며칠 남지 않았다.

무향, 무취, 무색의 삶

가장 미련스러운 짓은 어떤 일과 현상을 보고
남의 기준을 따라다니면서 함께하는 경거망동이다.

어느새 가을이다. 찬바람은 마음을 맑게 한다. 가을은 결실
의 계절이며 오행 중 금金에 해당한다고 한다.

'명경지수'라는 말도 있다. 맑고 깨끗하며 그 빛깔조차 영롱
한 물이다. 깊은 산속 돌 틈으로 솟아나온 석간수처럼 투명한 것
이 바로 '명경지수' 가을 물이다. 자연이 그러하니 사람의 마음
또한 그렇게 맑아지고, 향기 나는 차 한 잔을 마주하고 있는 것
처럼 정신이 고요해진다는 뜻이다.

가까운 사람이 나에게 책 한 권을 사달라고 부탁했다. 이럴
때 나는 행복을 느낀다. 그 책을 서점에 부탁해 구입한 뒤 조금
읽어봤다. 93세의 노학자가 담담하게 쓴 아름답고 영롱한 거울

같은 수필집이었다. 아마 그 지인이 책을 구매해 달라고 한 것은 '너도 이 정도는 사유하고 좀 살아라' 하는 간접적인 주문이었을 게다.

세상에 살면서 가장 미련스러운 짓은 어떤 일과 현상을 보고 남의 기준을 따라다니면서 함께하는 경거망동이다. 세상에 살면서 가장 아름다운 것은 내 잘못을 먼저 반성하고 남의 잘못은 감싸주려고 노력하는 인간성이다.

지난 일요일 오후 오랜만에 남쪽으로 향하는 시간이 느린 무궁화열차를 타고 평소 통화를 몇 차례 나눈 지인을 만나러 갔다. 가방도 없이 책 한 권을 손에 들고 열차에 올라 차분하게 레일의 덜컹거리는 소리를 들으며 가져온 책을 한 줄 한 줄 읽어 갔다. 나에게 이런 정서가 있다는 것에 먼저 감사하고 또 내 주변에 감사할 뿐이다.

내용에는 이런 글이 있었다.

'결혼할 자격이 없는 사람. 남녀가 서로 사랑해 결혼하고 가정을 이룬다는 것은 자연스럽고 성스러운 인간적 의무이다. 완전한 삶을 위한 필수적 과정이기도 하다. 그런데 왜 그렇게 이루어진 결혼이 이혼이 되기도 하며 가정적 불화를 초래하게 되는가. 사랑하고 결혼할 자격이 없는 사람이 무책임하게 결혼을 하기 때문이다. 무자격자의 가장 큰 특징은 이기적 인생관과 가치관이다. 이기주의자는 가정과 사회에서 버림받도록 되어 있다. 이기주의자들이 세력을 갖거나 사회를 움직이게 되면 그 결과는 인간적 고통과 불행을 가져다줄 뿐이다.'

이기주의란 무엇인가? 혼자 차창을 내다보며 생각에 잠겼다. 가장 쉬운 말이면서도 가장 행동하기 어려운 것 중의 하나가 이기주의다. 내 생각이 옳다고 마음먹는 것이 첫째 이기주의고, 그 사람을 헤아리는 마음이 작은 것이 둘째 이기주의며, '당신 먼저 하세요' 하는 배려심이 부족한 것이 그 다음 이기주의다.

세상에서 가장 맛있는 물은 무향, 무취, 무색의 물이라고 한다. 아내는 그런 물을 건강식품보다 더 좋아한다. 이 가을에 나부터 내려놓고 사는 무향, 무취, 무색의 마음으로 나는 수행을 하고 싶다.

자신을 정화시키는 참회

참회는 어찌 보면 자신을 정화시키는
가장 아름다운 언어가 아닐까.

　　매주 월요일 아침 9시가 되면 원광대 법당에서는 교수와 직
원이 하나가 되어 법회를 본다. 평소 바쁜 일로 법회 참석을 못
한 교도들도 마음의 양식과 수행을 할 수 있는 좋은 시간이 만들
어져 있는 것이다. 학교 법당에는 몇 명의 교무님들이 근무하는
데 차례로 돌아가며 법회를 진행하고 법문을 한다. 그때마다 나
는 노트에 법문을 적었다. 법회는 마음의 양식이기 때문이다.
　　지난 아침에 법회를 보는데 사회자는 의미 깊은 심고를 올
렸다.

　　내가 지난날 나도 모르게 잘못된 말을 참회합니다.

내가 지난날 해야 할 말을 안 한 것을 참회합니다.

내가 지난날 나도 모르게 잘못 생각한 것도 참회합니다.

내가 지난날 내가 해야 할 생각을 못한 것을 참회합니다.

내가 지난날 나도 모르게 잘 행하지 못한 일을 참회합니다.

내가 지난날 더 잘 행하려 하지 못함을 참회합니다.

참회는 어찌 보면 자신을 정화시키는 가장 아름다운 언어가 아닐까. 가끔 '참회합니다'라는 말을 들을 때면 신기하게도 마음이 편안해진다. 물론 나도 살아가면서 알게 모르게 했던 생각과 행동의 참회할 일이 108염주를 몇 번 돌려가며 할 정도로 쌓였을 수도 있다.

동창들끼리 만나면 자신이 근무하는 교당의 법회 상황을 자연스럽게 이야기하는 것이 자랑일 때가 있었다. 그중에 지금도 잊히지 않는 이야기가 있다. 국립대학교 부총장이신 교도가 항상 법당의 중간 자리에 앉아 법회를 보았다. 그분은 부교무의 별 재미없는 법문과 교리를 하나도 소홀히 하지 않고 꼼꼼하게 다 노트에 적었다고 했다. 연세도 있으시고 어찌 보면 아들 같은 교무의 법설인데도 진지하게 듣고 메모하시곤 했다는 거였다.

법회가 끝나면 그 교도님은 말없이 다가와 "오늘 법회 참 잘 들었습니다. 교무님 성불하십시오"라고 말씀하시고 조용히 문을 나섰다는 거였다. 그 덕분에 초짜 교무는 법회시간만 되면 신이 나서 이 소리 저 소리를 모아 잘난 소리를 했고, 마치 자신이 중국 선불교의 철저한 고행의 수도승처럼 설교를 했던 것이다. 지금 생각해 보니 얼굴이 뜨겁다고 말했다. 그때를 생각해 보면 '무식하면 용감하다'는 생각이 들어 부끄러운 마음에 참회를 한다고 했다.

세상을 살면서 참회할 일이 많이 있다고 생각하며 사는 사람은 매우 성숙하고 공부하는 사람이다. 큰일을 하는 사람은 자신이 먼저 정화되어야 하고, 작은 일을 하는 사람은 스스로 자신의 말과 행동을 되돌아보는 마음이 앞서야 한다. 그것이 바로 오늘 우리가 살아가는 지혜이고 자신의 맑은 공부길이 아닌가.

옹기 약탕기 | 40 * 30 | watercolor | 2016

하찮은 자연 이끼라도

있을 자리에 있는 것이
가장 아름답고 멋진 것이다.

아파트에서 바라보이는 앞산에 산책을 나갔다. 그때 길가 그늘진 땅에 녹색이 짙은 이끼가 참으로 이쁘다는 것을 알았다. 봄 산에 핀 벚나무도 떨어질 때 너무 황홀했고, 여름 녹음에는 그늘 속에서 듣는 매미 우는 소리도 흥겹고, 가을 산을 올라갈 때는 바람결에 스치는 대나무 소리도 참 운치가 있다. 특히 속리산 천왕봉을 오르다 보면 삼거리 지나 조릿대나무가 무성하게 있는 군락지를 지나게 된다. 이 길을 옛 스님들이 빳빳하게 풀먹인 옷을 입고 서걱서걱 걸어 행장을 떠났겠지 하는 생각을 하게 한다.

그런데 그 산행길에서 뜻하지 않는 어리석은 일을 저질렀다. 야산의 응달 모퉁이에서 파릇하고 생기 돋는 손바닥만 한 크기의 이끼를 비닐에 싸서 집으로 가져온 것이다. 그리고 내 사무실 옆 화반 위에 기왓장을 올려놓고 가끔 물도 주고 그렇게 친구가 되기를 원했다. 처음 나의 정성에 이끼는 기뻐하는 줄 알았다. 그런데 3년째 되는 날 가만히 살펴보니 이끼가 너무 고통스러워하고 있었다. 그 이유는 이끼는 땅기운을 받고 살아가는 식물이기 때문이다. "이끼야, 참 잘못했다." 아침 출근길에 박물관 근처의 돌탑 밑 응달을 찾아 땅을 파고 그곳에 터전을 만들어 주었다. 물론 물도 주고 오래된 퇴비 흙도 함께….

소태산 대종사와 함께 산책을 나섰던 한 제자는 "스승님, 이 멋진 소나무를 우리 도량에 가져가 다시 심었으면 좋겠습니다" 하고 욕심을 내 여쭈니 대종사는 "그 소나무를 가져오지 마라. 소나무는 그곳에 있을 자리에 있는 것이 가장 아름답고 멋진 것이다"라고 하셨다. 이 말씀은 '어떤 것이든 그 환경을 먼저 생각하라'는 뜻이다.

옛날에는 마을 경계를 표시할 때 버드나무를 심었다고 한다. 버드나무는 가지만 꽂아도 다시 살아나는 생명력이 강하지만 그 나무가 쉽게 자라는 것은 강변이나 연못의 물기가 있기 때문이다. 강 건너 불구경하듯이란 말도 강의 반대쪽에는 우리 마을이 아니기 때문에 급할 게 없이 구경을 한다는 뜻이다.

『서경』에 이런 글이 있다. '무유아리無踰我里 무절아수기無折我樹杞' 즉, 내 마을을 넘어오지 말고 내가 심은 갯버들을 꺾지 마라는 뜻이다. 더 쉽게 말하면 남의 일에 간섭하지 말고 남의 영역에 침범하여 환경을 어지럽히지 말라는 것이다. 나이 먹을수록 더욱 단순하게 살아야 하고 꾸밈도 자랑할 것도 없는 공간을 만들어야 내가 편해진다는 것을 깨닫게 된다.

백자 주병 | 40 * 30 | watercolor | 2016

그대가 오는 풍경이 예쁩니다

어제가 그날이고 내일이 특별한 날이 아니건만
사람들은 그날그날이 별날인 줄 알고 급급하다네.

　　명절이 다가오면 마음부터 설렜다. 외갓집에 가면 외할머니가 기다렸다는 듯이 "아이고, 내 새끼들" 하며 마당을 건너질러 마중 나와 반겨주시고 했다. 이런 풍경은 이제 먼 이야기가 되었다. 내가 원불교에 출가해서 세속적인 기름을 빼기까지 선배의 도가道家에 대한 이야기가 한몫했다.

　　"어제가 그날이고 내일이 특별한 날이 아니건만 사람들은 그날그날이 별날인 줄 알고 급급하다네."

　　24세의 젊은 나이에 가볍게 결정한 출가였지만 나보다 더 일찍 종교 문을 두드린 사람도 많았다. 종교가에서는 먼저 출가한 사람이 우선이지 나이가 많음이 우선이 아니다. 한마디로 목탁을 먼저 잡은 사람이 우선권이 있다는 말이 된다.

원불교의 초창기에는 출가나 재가나, 즉 수행하러 집을 떠난 사람이나 가정을 지키며 종교수행을 하는 사람이나 별반 차이는 없었다. 다만 구별은 하지만 차별이 없는 이상적인 세상을 꿈꾼 어른이 소태산 박중빈 대종사였다. 지금도 그분의 혜안을 마음속 깊이 우러러보게 된다.

요즘 세상에선 구별은 있지만, 차별이 없는 세상을 만들자고 다들 말하고 있다. 같은 장소에서 텔레비전 뉴스를 보는데도 어떤 사람은 "저 봐라, 저렇다니까" 하는 사람도 있고 "저건 뉴스가 아니라 자작일 거야" 하는 사람도 있다. 그렇게 서로가 다름에서 우리는 어울려 살아가고 있다. 종교인이라고 해서 특별한 음식을 먹는 것도 아니고 특별한 몸을 가지고 있는 것도 아니며 특별히 내세울 것도 없다. 오죽하면 『청소부가 된 성자』라는 책이 시중에서 인기 도서가 되었을까.

다만 우리가 지향하는 마음의 이야기 즉 착한 마음으로 사람들과 근심을 나누고 같이 슬퍼하고 하는 일밖에 없는 것이며 개인 수행은 스스로 묻고 대답하는 일종의 마음의 머묾에 대한 깨달음이다. 젊은이들 다수는 '종교'라는 말만 꺼내어도 가볍게 손사래를 친다. 고리타분하다는 것이다.

며칠 전에 딸아이가 비행기 표를 준비해 홋카이도에 다녀왔다. 눈 덮인 동토의 땅은 바람과 흰 눈이 전부인데 그것이 아름다운 것은 세상의 복잡한 시야도 일시적으로 다 덮을 수 있다는 것이 아닐까 하고 스스로 자문해봤다.

그날 호텔에서 나와 아침 식사를 하려고 조심조심 길을 나서는데 길모퉁이에서 어떤 할머니가 비상용 사물함에서 작은 돌가루 봉지를 꺼내 눈과 얼음으로 미끄러운 새벽길에 조금씩 뿌리고 있었다. 순간 "이 일을 왜 하시나요?" 하고 여쭈니 "사람들이 아침 출근길에 미끄러지지 않게 하기 위해서요"라고 했다. 배려하는 마음이 깨달음보다 더 낫다.

전생의 삶이 이생의 이야기가 되고

인간의 희로애락을 어떻게 보는가?
전생의 삶이 지금의 삶이며, 또한 다음 생을 마련한다.

이 겨울 나는 '겨울잠을 자는 곰'처럼 그렇게 지냈다. 사시사철 중 겨울은 모든 만물과 곡식을 거둬들이고 인간과 자연을 쉬게 한다. 그래서 농자農者는 천하의 큰 근본의 줄거리라고 할 수 있다.

농사를 짓는 것은 하늘의 이치에 따르는 것이다. 봄이 되면 씨앗을 뿌리고, 여름이 되면 부지런히 풀을 매어주고, 가을이 되면 수확을 해서 겨울에 눈이 내리는 날 그것을 먹으며 한해를 보낸다. 다시 말해 가장 평범한 삶의 이야기가 천하의 도를 실천하는 것이다.

지난 1월에 잠시 홋카이도를 여행하고 돌아와 침묵처럼 공부만 했다. 세상의 이야기를 듣기 싫으면 텔레비전을 켜지 않았고, 또 신문도 가급적 보지 않았다. 시간이 허락하면 산이나 강 또는 숲속을 떠돌았다. 또한 차분하게 한줄한줄 전통 통계학을 읽어갔다. 사람들은 무슨 전통 통계학이냐 하고 의아해 할 줄 모르나 당나라 때부터 사람들은 '인간의 희로애락을 어떻게 보는가?' 하는 의문으로 그 사람의 태어난 연월일시年月日時의 사주를 연구했다. 많은 사람 중에 "이런 경우에는 이런 삶을 살아가는 구나" 하고 경험에 의한 통계를 낸 것이 '당사주'이고 그 이후 점차 발전하여 '사주명리학'으로 전개되었다.

나는 지난 5년 동안 꾸준히 보아온 책이 있는데, 그런 통계학(사주명리학) 책만 50여 권이 내 서재에 꽂혀 있다. 그것을 찬찬히 보면서 인간이 만들어낸 자연스러운 통계학이 바로 명리학命理學이고, 이 명리학은 사람의 삶을 보고 예견하는 인문학이란 것을 알았다. 인문통계학이 맞지 않았다면 오늘날까지 전해지지 않았을 것이다.

어떤 사람이 요즘 이렇게 묻는다.
"사주에도 전생이 나오나요?"

그럴 때 우리 스승님은 이렇게 말했다.

"있지요. 분명히 있습니다."

서양종교에서는 전생의 이야기를 거의하지 않고 우리가 죽으면 천당과 지옥으로 갈뿐이니 열심히 죄를 짓지 말고 착하게 살아가라고 한다. 하지만 불교나 동양종교는 전생의 삶이 지금의 삶이며, 또한 다음 생을 마련한다고 한다. 원효대사는 "이생이 괴롭거든 전생의 내 삶을 살펴보고 다음 생이 그립거든 지금의 삶을 착하게 살아라"고 하였다.

인간들은 현명하게도 오늘 잔재주와 잔꾀를 내어 남모르게 재산을 모으고 명예를 좇지만, 그 사람의 그릇이 시원찮으면 깨진 사기그릇처럼 물이 새듯 결국 하루아침에 티끌 같은 재산이 되기도 한다. 그래서 수행자처럼 항상 맑고 밝고 훈훈하게 이웃과 함께 살아야 함을 의미한다.

어떻든 나는 요즘 인간들 삶의 통계학을 이모저모 공부하고 또 주변 사람들의 사주를 실험삼아 함께 공부하고 있다. 그 결론은 항상 착하게 살아야 한다는 것이다. 왜냐하면 과거의 삶이 결국은 지금 내 삶이되기 때문이다.

그렇기에 부처님의 경전에도 '오직 모든 악함을 막고 오로지 착함을 행하라' 하는 '제악막작 중선봉행諸惡莫作 衆善奉行'이라고 하지 않았던가.

그러니 매 순간 착하게 살고 남에게 해를 입히지 말라.
지은대로 받고 지은대로 살게 되는 것이니라….

백자 청화병 │ 40 * 30 │ watercolor │ 2016

정은광의 칼럼 『그대가 오는 풍경』 출판에 붙여

정은광 교무와 나는 박물관계에 종사하는 학예연구관으로서 만났다. 나는 그를 동종의 전문가로서보다는 수필이나 시를 잘 짓는 문학가로서 존경하고 있었다.

왜냐하면 그는 어떤 사실에 대해 전문적인 지식으로 설명하는 것에 그치지 않고 항상 우주적인 질서와 가치의 관계 속에서 말하곤 하기 때문이었다. 그러나 이번 기회에 그의 글을 본격적으로 읽은 후에는 오직 수행자로서의 모습으로만 나의 뇌리에 각인된 것 같은 느낌이다. 세파 속 수행기록이라고 할까.

그의 글을 읽으면 깊게 묻어놓았던, 그래서 잊은 지 오래된 순수함이 되살아나는 당혹감을 맛본다. 잠재된 수행에 대한 욕망을 일깨운다.

"화려한 꽃은 아니지만 숨어 붉게 피는 꽃망울을 보니 애잔한 정열이 느껴졌다. '그리움에 지친다는 꽃' 동백을 보러 가는 날은…"(봄꽃의 메시지 '무상')

수행에 대한 정열을 그리움으로 표현한 것일까. 그의 뒷모습을 상상하며 갑자기 그리움이 목에 걸린다.

❖ 김승희 _ 국립전주박물관장

지혜로운 인생의 발자취가 담겨있는 주옥같은 글귀

정은광 교무는 참 놀라운 사람이다.

저자는 성직자로서 학자로서, 교육자로서 그리고 예술인으로서 국내외 현장에서 왕성한 활동을 이어오고 있는 몇 안 되는 인물일 것이다. 그 와중에 틈틈이 신문사에 기고한 글을 읽어보면 진정 삶에 열정적임이 틀림없다.

그런 그의 글을 읽어 내려가면 마음이 고요해진다. 다양한 자아 성찰의 노력이 잔잔한 감동과 울림이 되어 내 마음에 들어온다. 지혜로운 인생의 발자취가 담겨있는 주옥같은 글귀에 저절로 고개가 끄덕여진다. 실제로 나는 평소 이러한 저자를 만나서 내가 가진 생각에 대해 나누는 것이 큰 즐거움이다.

누구나 한 번쯤은 복잡한 일상을 접고 잠시 쉬어가고 싶지 않은가. 그렇다면 정은광 교무의 잔잔한 이야기 속으로 빠져보는 것은 어떨까. 우리들의 마음을 어루만지는 따뜻한 글귀와 사람 냄새나는 그의 생각이 오래도록 가슴에 남을 것이다.

❖ 김도종 _ 원광대학교 총장

그대가온는풍경

인쇄	2017년 3월 2일 초판 1쇄 인쇄
발행	2017년 3월 8일 초판 1쇄 발행

지은이	정은광
펴낸곳	도서출판 동남풍
펴낸이	주영삼
표지·본문디자인	김지혜
책임편집	천지은
인쇄	원광사

출판신고	제1991-000001호(1991년 5월 18일)
주소	전북 익산시 익산대로 501
전화번호	063-854-0784
팩스번호	063-852-0784

www.wonbook.co.kr

값 15,000원
ISBN 978-89-6288-035-9(03200)